LE DROIT CONGOLAIS DES MARCHÉS PUBLICS

Notes de cours

Dirigée par Benjamin Mulamba Mbuyi

L'objet de la collection est de susciter les publications dont la vocation est double : d'une part offrir aux professeurs d'universités l'opportunité de publier leurs notes de cours, utilisées tout au long de leur carrière, et d'autre part offrir aux étudiants et chercheurs les outils de travail dont ils ont grandement besoin.

La collection s'adresse principalement aux étudiants et se propose d'envisager toutes les questions qui touchent tous les aspects de droit, de science politique et de relations internationales qui font l'objet d'un enseignement universitaire autonome.

Nous privilégierons la publication de manuels de grande qualité scientifique qui seront mis à la disposition des étudiants, régulièrement révisés comme des outils pédagogiques et utilisés dans un grand nombre d'institutions universitaires à travers le monde.

Déjà parus :

Marcel WETSH'OKONDA KOSO, *La protection des droits de l'Homme par le juge constitutionnel congolais, Analyse critique et jurisprudence (2003-2013)*, 2016.
Richard LUKUNDA VAKALA-MFUMU, *Le développement intégré de l'Afrique par les bassins fluviaux, Cas des bassins du Congo et du Nil*, 2016.
Hubert MUKENDI MPINGA, *Pauvreté et résilience des enfants dans les mines de diamants (Kasaï-Oriental)*, 2016.
Hilaire KABUYA KABEYA TSHILOBO, *La gestion des forêts en RDC, Étude écologique, économique et juridique*, 2016.
Dieudonné KALINDYE BYANJIRA, *Droit international humanitaire*, 2015.
Blaise SARY NGOY, *La politique étrangère de Joseph Kabila, Les politiques étrangères des Etats menacés de décomposition*, 2014.
Zacharie NTUMBA MUSUKA, *Le rôle du juge administratif congolais dans l'émergence de l'état de droit*, 2014.
Stanislas BOGOY NANGAMA, *La pédagogie générale*, 2014.
Stanislas BOGOY NANGAMA, *La pédagogie comparée, Historique, Théories et Méthodes*, 2013.
Floribert Nzuzi MAKAYA, *Les finances publiques dans les constitutions de la République démocratique du Congo*, 2012.
Kazumba K. TSHITEYA, *Introduction aux théories et doctrines politiques et sociales*, 2012.
Benjamin MULAMBA MBUYI, *Droit International Public, Les sources*, 2012.
Benjamin MULAMBA MBUYI, *Droit des Organisations Internationales*, 2012.

Jean-Louis ESAMBO KANGASHE

LE DROIT CONGOLAIS DES MARCHÉS PUBLICS

L'Harmattan

DU MÊME AUTEUR

La Constitution congolaise du 18 février 2006 à l'épreuve du constitutionnalisme. Contraintes pratiques et perspectives, Louvain-la-Neuve, Academia-Bruylant, bibliothèque de droit africain 7, 2010, 358 p.
Le droit constitutionnel, Louvain-la-Neuve, Academia-L'Harmattan, 2013, 319 p.
Le droit électoral congolais, Louvain-la-Neuve, Academia-L'Harmattan, bibliothèque de droit africain 11, 2014, 252 p.

5-7, rue de l'École-Polytechnique, 75005 Paris

http://www.harmattan.fr
diffusion.harmattan@wanadoo.fr
harmattan1@wanadoo.fr

ISBN : 978-2-343-09015-3
EAN : 9782343090153

PREFACE

Lorsque le professeur Jean-Louis ESAMBO KANGASHE m'a fait l'honneur de me confier la préface de son manuel sur « Le droit congolais des marchés publics », je me suis demandé si je vais être à la hauteur pour accéder à cette demande. Je me suis, ensuite, interrogé sur ce qu'il a de commun entre un constitutionnaliste et un internationaliste pour que je sois préfacier d'un ouvrage relevant de l'enseignement du droit administratif congolais.

En me rapprochant de l'auteur et après avoir lu sa brillante œuvre, j'ai fini par me rendre compte qu'il y avait une proximité certaine entre le droit constitutionnel et le droit international au point que mes hésitations du départ ont fini par me convaincre de l'importance de ma tâche.

S'agissant du lien entre le droit constitutionnel et le droit international, je note que le premier fait une part belle à la subordination alors que le second relève du domaine de coordination. Bien plus, l'auteur emploie, pour étayer son propos, le concept droit international vingt-quatre fois. Il fait référence aux sources du droit international, et notamment aux traités et les accords internationaux conclus entre Etats dans le domaine des marchés publics.

Préfacer un ouvrage, c'est exactement faire la conjugaison d'une œuvre scientifique dont on a été premier lecteur et, de la présenter aux autres. Le droit congolais des marchés publics est riche en informations.

Y sont décrits avec l'art que l'on reconnait au professeur ESAMBO, les notions générales, les principes et règles de la commande publique, la passation et l'exécution des marchés publics, le contentieux des marchés publics ainsi que les pratiques en marge des règles applicables aux marchés publics.

Un traité doit être distingué d'un manuel, le premier s'efforçant de donner une vue aussi complète que possible sur le sujet traité, alors que le second expose seulement les connaissances que l'auteur estime utiles au public auquel il s'adresse. Ce public est connu de l'auteur. Il s'agit, en premier lieu, des étudiants en droit et en sciences sociales, politiques et administratives. Se joindront à eux, en second lieu les chercheurs et autres scientifiques. Loin des querelles doctrinales, les acteurs et vendeurs publics, les praticiens de droit ont été suffisamment servis.

Je reconnais que certains publicistes congolais, s'occupent encore des marchés publics dans leurs écrits sans leur apporter la profondeur qu'ils requièrent. Mais je sais également qu'il n'existe pas à ce jour un livre consacré exclusivement au droit congolais des marchés publics. L'ouvrage du professeur ESAMBO est donc une œuvre de pionnier. C'est ici qu'il parait important de louer les démarches de l'auteur qui a su combler ce vide abyssal et surtout mettre à la disposition des étudiants un enseignement de haute qualité en cette matière.

Le système de passation des marchés publics en République Démocratique du Congo mis en place par l'ordonnance-loi n°69-054 du 5 décembre 1969 et ses mesures d'exécution n'est plus adapté aux exigences de transparence, de rationalité et d'efficacité qui caractérisent actuellement ce secteur vital à travers le monde.

Pour remédier à cette situation, la nouvelle loi édicte de nouvelles règles fondamentales relatives à la préparation des projets, à la passation des marchés publics, à leur exécution et au contrôle de celle-ci, inspirées des systèmes modernes retenus par l'Organisation pour la coopération et le développement économique, OCDE en sigle.

Ainsi, les fonctions de gestion des marchés publics, celles de leur passation et de leur contrôle sont strictement séparées les unes des autres et les structures chargées de les exercer ne peuvent en aucun cas les cumuler.

Par ailleurs, les marchés publics sont passés par appel d'offres dont les variantes sont clairement définies. Ils peuvent exceptionnellement être attribués par la procédure de gré à gré dans les cas limitativement énumérés par la loi. Le choix du candidat est notamment déterminé par l'offre économiquement la plus avantageuse et par le critère de la préférence nationale et régionale.

Les marchés publics sont exécutés selon les stipulations du contrat dont les mentions essentielles sont fixées par la loi et conformément aux conditions contenues dans le cahier des charges.

Le contrôle des marchés publics est assuré par les établissements publics chargés du contrôle et de la régulation et par tout autre organe administratif compétent.

Des sanctions spécifiques sont prévues pour réprimer les infractions et autres manquements.

Enfin, les litiges nés à l'occasion des marchés publics peuvent faire l'objet d'une réclamation auprès de l'autorité contractante ou de l'établissement public chargé de la régulation des marchés publics. En cas d'échec, la juridiction compétente peut être saisie[1].

Pour le professeur Jean-Louis ESAMBO, écrire un manuel consacré à l'enseignement, adapté aux besoins et nécessités actuels de ses étudiants, est une façon pour lui de parler sans être interrompu. C'est aussi ouvrir le flanc aux critiques, mêmes acerbes.

---

1 Loi n°10/010 du 27 avril 2010 relative aux marches publics.

Je ne saurais manquer cette belle occasion pour recommander la lecture de ce manuel, aux praticiens du droit, aux professeurs et leurs étudiants. Ecris avec clarté et respect des règles de l'art qui en rendent la lecture plus qu'agréable pour son public naturel, les étudiants. Seuls ces derniers diront si l'auteur a réussi.

Pr. Dr. Benjamin MULAMBA MBUYI wa KADIMA
Doyen de la Faculté de Droit de l'Université de l'Uélé

LISTE DES SIGLES ET PRINCIPALES ABRÉVIATIONS

AAO : Avis d'appel d'offres.
Al : alinéa.
ARMP : Autorité de régulation des marchés publics.
ART : Article.
BCECO : Bureau central de coordination.
CE : Conseil d'État.
CEDI : Centre Protestant d'Édition et de Diffusion.
CENAREF : Cellule nationale des renseignements financiers.
CGPMP : Cellule de gestion des projets et des marchés publics.
CMDC : Compagnie maritime de la République démocratique du Congo.
COHYDRO : Congolaise des hydrocarbures.
Coll. : Collection.
CSJ : Cour suprême de justice.
DAO : Dossier d'appel d'offres.
DGCMP : Direction générale de contrôle des marchés publics.
Ed : édition.
FIKIN : Foire internationale de Kinshasa.
FPI : Fonds de promotion de l'industrie.
GECAMINES: Générale des carrières des mines.
Ibidem : auteur cité deux fois successives sur une même page.
ICCN : Institut congolais pour la conservation de la nature.
Idem : auteur cité pour la deuxième fois.
INERA : Institut national d'études et de recherches agronomiques.
INPP : Institut national de pratiques professionnelles.
INS : Institut national des statistiques.

INSS	: Institut national de sécurité sociale.
LAC	: Lignes aériennes congolaises.
LGDJ	: Librairie Générale de Droit et de la Jurisprudence.
N°	: numéro.
OGEFREM	: Office de gestion de fret multimodal.
OKIMO	: Office des mines d'or de Kilo-moto.
ONC	: Office national de contrôle.
ONT	: Office national de tourisme.
OR	: Office des Routes.
OVD	: Office des voiries et drainages.
RA	: Rôle administrative.
REGIDESO	: Régie de distribution des eaux.
RVA	: Régie des voies aériennes.
RVF	: Régie des voies fluviales.
RVM	: Régie des voies maritimes.
P	: Page.
PP	: de la page à la page.
PUC	: Presses universitaires du Congo.
PUF	: Presses universitaires de France.
SCPT	: Société congolaise des postes et des télécommunications.
SCTP	: Société congolaise des transports et ports.
SNEL	: Société nationale d'électricité.
SODIMICO	: Société de développement industriel et minier du Congo.
SONAS	: Société nationale des assurances.
SSREF	: Société chimique routière et d'entreprise générale.
SWIFT	: Society for Worldwide Interbank Financial Telecommunications
T	: tome.

SOMMAIRE

AVANT-PROPOS

Dans la vie économique et sociale d'une nation, le domaine de la commande publique joue un rôle important en ce qu'il permet de s'assurer que les politiques publiques mises en place sont à même de contribuer à la réalisation des besoins communautaires. Il est, au vu du volume et de l'importance des ressources générées, considéré comme un levier au service de l'intérêt général et un vecteur de développement.

Deux raisons se prêtent à justifier cette réalité. Très nombreux, les services publics de l'État, des provinces et des entités territoriales décentralisées éprouvent encore l'utilité de se moderniser et de se doter des biens, fournitures, équipements, ainsi que des services répondant mieux à leurs besoins. La passation des marchés publics modernise l'administration et engage les pouvoirs publics à ajuster leurs politiques industrielles et sociales en direction de la création d'emploi et la lutte contre le chômage.

Jadis cantonné dans les escarcelles du droit administratif qui lui faisait, par moments, ombrage, le droit des marchés publics a, depuis quelques décennies, marqué sa distance s'affirmant, d'une part, comme discipline autonome disposant des règles et procédures et se prêtant d'autre part, comme cadre de mobilisation des ressources au service du développement.

L'existence des règles et principes de l'achat public qu'il importe de coller à chaque contexte social et économique convainc de la nécessité pour chaque pays de se doter, en dépit de quelques convergences, d'une législation spécifique adaptée à ses réalités.

Comment ne pas s'intéresser à un domaine dont la gestion dépasse la simple connaissance du dispositif juridique en vigueur pour solliciter, chaque jour, l'accompagnement de la jurisprudence, outil indispensable à la moralisation de la commande publique.

Né de la confrontation, mieux la juxtaposition de deux législations intervenues, chacune, dans un contexte politique particulier, le droit congolais des marchés publics s'est vu obligé de s'adapter à l'évolution de la société influencée par l'ouverture au monde et la prise en compte des intérêts vitaux de la population.

Prise dans le cadre d'un régime de centralisation du pouvoir, l'ordonnance-loi n°69/054 du 5 décembre 1969 relative aux marchés publics organisait une gestion concentrée de la commande par la commission des adjudications dont la composition et les décisions ne garantissaient que très peu la transparence et la crédibilité.

Prenant le contre pieds de cette législation, la loi n°10/010 du 27 avril 2010 lui substitue un cadre juridique plus incitatif à la concurrence, la transparence, la rationalité dans la passation et la gestion des marchés publics. Une nette distinction est faite entre les fonctions de gestion de celle de passation et de contrôle des marchés publics avec en toile de fond l'identification parfaite des structures et organes compétents.

La distance prise vis-à-vis de l'adjudication au profit de l'appel d'offres permet de s'assurer de la simplification de la procédure de passation des marchés publics qui autorise à titre exceptionnel le recours à la technique de gré à gré.

Le caractère évolutif de la commande publique convie le législateur à engager le droit congolais des marchés publics à un ajustement permanant afin d'être compétitif dans un univers où le monopole des pouvoirs publics dans la réalisation des activités d'intérêt général ne s'accommode pas toujours des ressources disponibles dans le budget de l'État.

Tel un guide, ce premier ouvrage consacré au droit congolais des marchés publics, présente dans un style simple et clair le processus de passation, de gestion et d'exécution de la commande publique. Y sont également scrutés les notions fondamentales, les principes et règles qui régissent la matière, la variété des contentieux et les modalités de règlement. Un accent particulier est mis sur l'étude des pratiques en marge des règles établies et les solutions pour y faire face.

Principalement destiné aux acheteurs et vendeurs publics, il retient également l'attention des chercheurs et étudiants en droit et en sciences sociales, politiques et administratives. Les praticiens, le citoyen et, d'une manière générale, les acteurs du développement peuvent y puiser des informations et conseils utiles en rapport avec l'organisation et la gestion de la commande publique en République démocratique du Congo.

INTRODUCTION

Le droit des marchés publics est, en raison de son caractère à la fois technique et complexe, difficile à appréhender. Il importe de le situer, en dépit des standards universellement admis, à chaque législation nationale. Le contenu de la discipline est, ainsi qu'on le verra, redevable du contexte juridique, mais également socio-économique de chaque pays.

En attendant de connaître la direction que chaque législation a cru devoir donner à la discipline, on peut dire que le droit des marchés publics regroupe les règles, procédures et pratiques relatives à la préparation, la passation, l'exécution et le contrôle des contrats ayant pour objet l'achat public.

Bien qu'approximative, cette définition permet néanmoins de dégager l'objet et l'intérêt de la discipline à l'égard de l'administration publique, les acheteurs publics et les juridictions chargées du contentieux de la passation et de l'exécution des marchés publics.

1. L'objet du droit des marchés publics

Le développement d'un pays ne se résume pas seulement à la masse des ressources dont il bénéficie, mais également à la connaissance des indicateurs fournis dans le cadre de la gestion des marchés passés par l'État, les entités territoriales décentralisées ou autres personnes morales de droit public, mais exécutés par ou avec la participation des personnes morales de droit privé ou des particuliers.

Dans sa perception pratique, le droit des marchés publics s'offre comme cadre d'évaluation des politiques publiques et notamment de leur impact sur le développement de la Nation, car c'est sur les pouvoirs publics que repose bien souvent la satisfaction des besoins et intérêts des différentes communautés. Une telle impression contribue à alimenter la réflexion sur la capacité des gouvernants à faire bénéficier aux citoyens une saine et rationnelle gestion des contrats ayant pour objet l'achat public.

Il importe que les règles sur la passation et l'exécution des marchés publics soient conçues de manière à refléter la transparence, la crédibilité et la rentabilité de l'action étatique en s'assurant, par ailleurs, qu'elle tienne compte des règles édictées dans la préparation et l'exécution des travaux, la fourniture des services et la réalisation des prestations d'intérêt public.

Bien aménagé, ce droit fixe en même temps les règles sur les délégations de service public, les marchés passés par les personnes morales de droit privé, mais bénéficiant du financement ou de la garantie des personnes morales de droit public ou agissant en leur nom et pour leur compte.

À l'exception de tout accord sur le stationnement des troupes, les marchés publics adviennent en application d'un accord ou d'un traité international de financement. Il suppose la négociation, la conclusion et la signature d'un ou de plusieurs contrats administratifs.

Dans la pratique, en effet, le domaine d'intervention du droit des marchés publics parait plus vaste faisant appel à une diversité des disciplines juridiques, notamment le droit constitutionnel, le droit administratif, les finances publiques, le droit international, le droit des biens, celui des obligations et des sûretés, les contrats commerciaux, le droit commercial, voire le droit pénal.

De cet aréopage qui risque d'en diluer la substance, le cadrage de l'objet de la discipline à la seule exécution des travaux, fourniture des services et des biens, ainsi que la réalisation des prestations intellectuelles s'impose.

Les marchés de travaux poursuivent la réalisation de travaux d'intérêt public tels que la construction des bâtiments, des ouvrages et édifices communautaires. Ils s'occupent également des travaux de génie civil exécutés à la demande d'une personne morale de droit public qui en est le maître d'ouvrage.

Relevant essentiellement du code des marchés publics, ceux de fournitures s'attèlent à la livraison de fournitures courantes ou industrielles au profit de l'autorité contractante.

En l'absence d'une définition légale précise, les marchés de réalisation de services intéressent les organes étatiques, l'administration publique et les personnes privées. Ils ont pour cible l'accomplissement des services dans le cadre de nettoyage ou d'entretien des routes, de gardiennage des édifices publics ou d'acquisition des équipements et matériels de nature diverse.

L'impression de facilité que l'on a du droit des marchés publics jadis considéré comme simple appendice du droit administratif contraste, chaque jour, avec la complexité et la technicité d'une discipline plus portée vers l'aménagement rigoureux de la procédure de passation, d'exécution, de gestion et de contrôle de la commande publique.

2. L'intérêt de l'étude du droit des marchés publics

Traditionnellement enseignés dans le cadre du droit administratif, les marchés publics étaient réduits aux seuls contrats administratifs sans aucune spécificité découlant de l'objet de chaque contrat. Le caractère sensiblement réduit du volume horaire leur consacré en était une belle illustration.

Avec l'évolution de la technologie et l'implication des personnes morales de droit public, des acteurs non étatiques et sociétés multinationales dans la conclusion, l'exécution et le contrôle de la commande publique, les enjeux économiques que procurent les marchés publics sont ainsi révélés au grand public.

De la négociation au contrôle de l'exécution des marchés publics, on s'active à évaluer les aptitudes des pouvoirs publics et notamment leur capacité à mobiliser les ressources à même de soutenir les politiques publiques au service de l'intérêt général.

Il ne fait donc l'ombre d'aucun doute qu'une bonne gestion des marchés publics influe positivement sur le relèvement du niveau du produit national brut et celui de la vie des citoyens.

La contenance du droit des marchés publics, sa variété et son apport sur la gestion des affaires publiques contribuent également à la moralisation[2] des contrats administratifs souvent à la base de la criminalisation de l'activité économique et du blanchiment des capitaux[3].

L'élaboration d'un code des marchés publics relève, à cet égard, d'un impératif dont l'actualité paraît permanente. L'exercice a d'ailleurs été renforcé par le besoin de doter les Facultés de droit et de sciences sociales, politiques et administratives d'un enseignement qui tienne compte de la technicité et la complexité procédurale qu'impose, à bien d'égards, l'achat public.

Il en résulte que le droit des marchés publics a vocation de s'assurer de :

---

2 FENECH G et PETIT P, *La moralisation des marchés publics*, Paris, PUF, Coll. Que sais-je ? 1998, p. 84.

3 KOUTOUZIS M et THONY J.-F, *Le blanchiment*, Paris, PUF, Coll. Que sais-je ?, 2005, pp. 4-5.

- la connaissance par les acteurs impliqués et/ou intéressés de la règlementation ainsi que la procédure de préparation, de passation, de gestion, d'exécution et de contrôle des marchés publics ;
- la maîtrise des principes et règles qui régissent les marchés publics;
- la mesure et de la rentabilité des marchés publics comme vecteur du développement participatif.

3. Le contenu de l'ouvrage

La présentation des notions sur les marchés publics induit sur l'étude des principes et règles applicables. Elle permet de saisir les procédures de passation et d'exécution des marchés publics. En dépit des précautions légales et notamment de l'organisation du contentieux, il s'observe chaque jour des pratiques en marge des bornes posées et qui réduisent l'efficacité du droit des marchés publics.

CHAPITRE I

LES NOTIONS SUR LES MARCHÉS PUBLICS

Discipline juridique, le droit des marchés publics vit et se construit dans un aréopage qui autorise l'émergence d'une diversité des spécificités. De sa définition, il est possible de se faire une idée sur ses sources, son autonomie et ses traits fondamentaux.

Section 1 : La définition et les sources des marchés publics

Bénéficiant de l'éclairage de la doctrine et de la jurisprudence, les marchés publics sont habituellement définis dans les textes qui les organisent.

§1. La définition des marchés publics

Convention passée entre une personne morale de droit public et une ou plusieurs personnes physiques et/ou morales de droit privé[4], le marché public est un contrat écrit soumis à des conditions restrictives.

Souvent confondu au contrat de l'administration[5], le marché public est difficile à cerner à cause de certainement de la spécificité des règles qui régissent son régime juridique[6]. On peut, à juste titre, s'interroger sur les critères de détermination du contrat administratif car, à côté de contrats nommés, échappant à toute classification, nombreux sont ceux qui exigent l'édiction des règles spécifiques. Dans l'une

---

[4] RICHER L, *Droit des contrats administratifs*, Paris, 3e éd. LGDJ, 2002, pp. 127-128.

[5] CHRETIEN P et CHIFFLOT N, *Droit administratif*, Paris, 13e éd. Sirey, 2012, p. 462.

[6] YUMA BIABA L, *Manuel de Droit administratif*, Kinshasa, CEDI, 2012, pp.145-146.

ou l'autre hypothèse, le juge détermine la nature du contrat en fonction des critères établis par la loi.

Comme tout contrat, le marché public suppose l'existence et la rencontre des volontés. Le législateur[7] le définit, d'ailleurs, comme un contrat écrit par lequel un entrepreneur, un fournisseur ou un prestataire s'engage envers l'autorité contractante, fournissant une contribution ou une garantie financière, soit à réaliser des travaux, soit à fournir des biens ou des services, soit encore à exécuter des prestations intellectuelles, moyennant un prix[8].

Dans cette définition, on s'aperçoit que le marché public est un contrat onéreux passé par l'administration avec des personnes publiques et ayant pour objet, soit la réalisation des travaux, soit la fourniture des biens et services, soit l'exécution des prestations intellectuelles. Y sont également identifiés les différents intervenants à la commande publique et la nature des contrats y afférents.

A. Les intervenants à la commande publique

Si les personnes morales de droit public sont, sauf exception légale, traditionnellement concernées par la loi sur les marchés publics en raison de leur qualité d'acheteur public, la présence d'autres d'origine privée n'est pas exclue. Il s'agit des fournisseurs de prestations ou locataires des services.

---

[7] La Loi n°10/10 du 27 avril 2010 relative aux marchés publics, *Journal officiel de la République démocratique du Congo*, numéro spécial du 30 avril 2010.

[8] Art. 5 de la Loi relative aux marchés publics.

1. Les personnes morales de droit public

Le législateur organise les marchés passés par l'État[9], les provinces, les entités territoriales décentralisées[10], les entreprises publiques[11] et les établissements publics[12]dotés de la personnalité juridique, ainsi que les organismes publics financés ou dont l'activité est garantie par l'Etat [13].

Sont également autorisés à négocier et conclure les marchés publics, les sociétés commerciales à participation publique majoritaire, les organismes créés par l'État dont l'activité est financée ou garantie par lui, les personnes morales de droit privé mandatées et bénéficiant du financement ou de la garantie des personnes morales de droit public[14].

L'État est, ici, pris au sens le plus large incluant les différentes administrations se situant au niveau central, provincial et local mais qui, en vertu du principe de

---

9 Constitué du pouvoir central et de tous les services administratifs y rattachés. Dans la pratique, toute l'administration qui appuie ces institutions (secrétariats généraux, directions de service, etc.), les services déconcentrés et ceux auxiliaires (notamment les services publics) et les missions diplomatiques et consulaires peuvent, en vertu du principe de la compétence d'attribution, passer les marchés publics.

10 À savoir les Ville, Commune, Secteur ou Chefferie.

11 Telles que la CMDC, la COHYDRO, la GÉCAMINES, le LAC, l'OCPT, l'OKIMO, la REGIDESO, la SCTP, la SCPT, la SODIMICO, la RVA, la RVM, la SONAS ou la SNEL

12 À l'occurrence l'ICCN, la FIKIN, le FPI, l'INERA, l'INPP, l'INSS, l'OCC, l'OGEFREM, l'ONC, l'ONT, l'OR, la RVF ou encore l'OVD.

13 L'Autorité de régulation de la poste et des télécommunications, la Banque centrale du Congo, la Commission électorale nationale indépendante, le Conseil supérieur de l'audio-visuel et de la communication.

14 Art. 3 du Décret n°10/21 du 02 juin 2010 portant création, organisation et fonctionnement de l'Autorité de régulation des marchés publics.

compétence d'attribution, sont autorisées à passer les marchés publics ou les délégations de service public.

Dans le processus de préparation, passation, contrôle et exécution des marchés publics, le législateur fait intervenir une catégorie particulière de services publics créés par décret du premier ministre. Il s'agit de l'Autorité de régulation des marchés publics[15], de la Direction générale de contrôle des marchés publics[16] et de la Cellule de gestion des projets et des marchés publics[17], ainsi que des autorités approbatrices.

L'Autorité de régulation des marchés publics exerce une mission générale de contrôle et de supervision de l'ensemble du système de passation, en République démocratique du Congo, des marchés publics et de délégations de service public[18]. Elle est chargée :

- d'émettre des avis conformes, propositions ou recommandations dans le cadre de la définition des politiques, l'élaboration ou la mise à jour de la législation sur les marchés publics et délégations de service public. Elle jouit, avant toute saisine de l'autorité compétente, de l'exclusivité des prérogatives en matière de validation et de mise à jour de la législation et de tous les documents se rapportant aux marchés publics et à la délégation de service public ;

---

15 Créée et organisée par le Décret n°10/21 du 2 juin 2010 portant création, organisation et fonctionnement de l'Autorité de régulation des marchés publics.

16 Établie en vertu du Décret n°10/27du 28 juin 2010 portant création, organisation et fonctionnement de la Direction générale du contrôle des marchés publics.

17 Instituée par Décret n°10/32 du 28 décembre 2010 portant création, organisation et fonctionnement de la Cellule de gestion des projets et des marchés publics.

18 Art. 11 du Décret n°10/22 du 2 juin 2010 portant Manuel des procédures de la Loi relative aux marchés publics.

- d'initier et conduire toutes les réformes jugées nécessaires à la modernisation des procédures et outils de passation des marchés publics et de délégations de service public ;
- d'examiner les recours précontractuels et procéder au règlement non juridictionnel des litiges nés de la passation des marchés publics ou de délégations de service public ;
- de promouvoir la mise en œuvre, par l'ensemble d'acteurs de la commande publique, des dispositifs d'éthique et des pactes d'intégrité visant à proscrire la corruption ;
- d'assurer, par les audits indépendants, le contrôle à posteriori des procédures de passation des marchés publics et de délégations de service public et de prendre, le cas échéant, des sanctions en cas des violations avérées de la législation en la matière ;
- de procéder aux missions de suivi et d'évaluation périodique en tenant compte des indicateurs de performance en matière de passation, de contrôle et d'exécution des marchés publics et de délégations de service public ;
- d'assurer l'information et la formation de l'ensemble des acteurs de la commande publique, le développement du cadre professionnel et l'évaluation des performances des acteurs du système de passation, de contrôle et d'exécution des marchés publics et de délégations de service public et ;
- d'assister, en tant qu'organe de liaison, les organisations internationales et régionales dans le cadre de la surveillance des procédures de passation des marchés public et délégation de service public.

Dans l'exercice de ses attributions l'Autorité de régulation des marchés publics est placée sous l'autorité directe du premier ministre, chef du gouvernement.

La Direction générale de contrôle des marchés publics assure, sous la tutelle du ministre ayant le budget dans ses attributions, un contrôle à priori sur l'application de la réglementation relative aux marchés publics et aux délégations de service public[19].

Elle est également compétente pour :

- émettre, en fonction de seuils retenus, un avis de non objection sur les dossiers d'appel d'offres avant de les lancer à la concurrence ;
- émettre, en fonction de seuils arrêtés, un avis de non objection sur le rapport d'analyse des offres avant l'attribution provisoire des marchés ;
- accorder aux autorités contractantes et aux maîtres d'ouvrages délégués toutes les autorisations et dérogations prévues par la législation congolaise en la matière.

La Direction générale de contrôle des marchés publics tient systématiquement copie à l'Autorité de régulation des marchés publics de toutes les demandes de non objection lui adressées ainsi que toutes les autorisations spéciales ou dérogations reçues des autorités contractantes et des suites y réservées.

Cette exigence participe de la traçabilité, du contrôle et du suivi de l'ensemble du processus de passation, de contrôle et d'exécution des marchés publics, ainsi que de délégations de service public.

Pour les contrats dont le montant est égal ou supérieur à deux cent millions de francs congolais (marchés de travaux), cent millions de francs congolais (marchés de fourniture des biens ou des services) et cinquante millions de francs congolais (marchés de prestations intellectuelles), cette structure procède obligatoirement au contrôle à priori de la procédure de passation et d'attribution des dits marchés et délégations de service public.

---

[19] Art. 14 à 16 du Décret n° 10/22 du 2 juin 2010 portant Manuel des procédures de la Loi relative aux marchés publics.

Au sein de la Direction générale de contrôle des marchés publics, est établie une revue préalable des dossiers d'appel d'offres et de demandes de proposition pour les marchés dont le montant est égal ou supérieur à trois cent millions de francs congolais (marchés de travaux), deux cent millions de francs congolais (marchés de fourniture des biens ou des services) et cent millions de francs congolais (marchés de prestations intellectuelles).

Instituée au sein de chaque autorité contractante, la Cellule de gestion des projets et des marchés publics contrôle la procédure de passation des marchés publics et délégations de service public. Elle est supervisée par un secrétaire permanent désigné par l'autorité contractante.

Pour le compte de l'autorité contractante, la cellule de gestion des projets et des marchés publics procède au :

- choix de la méthode de passation des marchés ;
- montage des dossiers d'appel d'offres, par l'intégration de celui-ci, dans les dossiers types édictés par l'autorité de régulation des marchés publics, des éléments des dossiers techniques reçus des services compétents des autorités contractantes ;
- processus de passation des marchés, de l'élaboration des dossiers d'appel d'offres jusqu'à la notification des marchés, laquelle intervient après l'approbation dudit marché par l'autorité compétente.

La technicité de certains marchés, le déficit d'expertise et l'insuffisance de formation appropriée justifient bien souvent la sollicitation d'autres administrations dans la conception des projets et gestion d'une partie du processus de passation, par certaines autorités contractantes, des marchés publics et, notamment les marchés de travaux ou de fourniture des biens ou des services. L'exemple du bureau central de coordination en est la belle illustration.

L'autorité approbatrice du marché ou de la délégation de service public est constituée d'une personne physique à qui le texte confère cette prérogative. Le fait pour elle de refuser l'approbation du marché ou de la délégation de service public induit à l'inexistence du contrat.

Motivée, cette décision est notifiée, dans un délai ne dépassant pas dix jours, à l'autorité contractante, le silence de l'autorité approbatrice valant acceptation du marché ou de la délégation de service public.

Le Décret du 2 juin 2010 portant manuel des procédures de la loi relative aux marchés publics[20] précise que l'autorité approbatrice des marchés publics ou de délégation de service public est, soit le premier ministre[21], soit le ministre du budget[22], soit le ministre de tutelle[23].

2. Les personnes privées

Le législateur utilise l'adverbe « couramment » pour désigner les personnes morales de droit privé[24]intervenant dans le processus de la commande publique. Il s'agit de soumissionnaires, cocontractants, sous-traitants, exécutants ou délégataires de service public.

---

20 Notamment à son article 21.

21 Pour les marchés conclus à l'issue des appels d'offres internationaux et des marchés nationaux passés par le ministre ayant le budget dans ses attributions.

22 Pour les marchés passés à l'issue des appels d'offres nationaux.

23 Pour les marchés autorisant le recours aux appels d'offres nationaux passés par les entreprises publiques et établissements publics sous tutelle.

24 La société civile, les sociétés commerciales, les établissements d'utilité publique ou des fondations, les associations sans but locatif, les organisations non gouvernementales de développement, les mutuelles et les syndicats.

Le soumissionnaire est une personne physique ou morale intéressée à la réalisation d'un marché public et qui en fait l'offre. Une fois admis, il se charge de l'exécution du marché par la réalisation de travaux, la fourniture de biens et services ou les prestations intellectuelles. On l'identifie également au titre de cocontractant ou de titulaire du marché.

Dans le domaine des marchés publics, le titulaire peut éprouver de difficultés à exécuter personnellement ses obligations contractuelles et se voit obligé de recourir à une personne experte et professionnelle en la matière.

Personne morale de droit privé, le sous-traitant est une tierce personne au contrat, mais qui assure avec l'autorisation du titulaire du marché l'exécution de certaines parties du contrat[25]. Il doit être connu et accepté par l'autorité contractante. On pense ainsi à la sous-traitance qui doit être prévue dans le dossier d'appel d'offres et acceptée par l'autorité contractante. Les parties doivent également s'accorder sur les conditions et modalités de paiement des prestations réalisées par le sous-traitant.

La délégation de service public est un contrat par lequel l'autorité contractante confie la gestion d'un service public relevant de sa compétence à un délégataire (société publique ou privée) dont la rémunération est liée ou assurée par les résultats de l'exploitation du service public concerné. Elle porte sur les concessions de service public, les affermages se réalisant généralement en réseau et les régies intéressées[26].

---

[25] Art. 77 du Décret n°10/22 du 2 juin 2010 portant Manuel des procédures de la Loi relative aux marchés publics.

[26] Art. 28 du même Décret.

B. Les contrats soumis aux règles de la commande publique

A l'origine, le droit des marchés publics s'était fixé un objectif bien limité, celui de régir les contrats dans lesquels l'attributaire est rémunéré par l'administration sur la base du prix ou de la contre partie des travaux exécutés, fournitures offertes ou prestations réalisées.

Comme contrat à titre onéreux, la commande publique porte sur l'exécution des travaux, la remise des fournitures ou la réalisation des prestations intellectuelles.

1. Les contrats onéreux

Les marchés publics ne sont pas des contrats philanthropiques ; leur réalisation étant toujours coûteuse. De la préparation de dossiers de soumission à la passation proprement dite du marché, on assiste à un parcours de combattant dans lequel, sans être le seul indicateur, l'argent y joue un rôle déterminant.

Même au moment de la passation du marché, l'autorité contractante doit s'assurer que l'attributaire du marché réunit les capacités techniques et les garanties financières suffisantes lui permettant de l'exécuter convenablement. Le législateur précise à cet effet que le prix rémunère le titulaire du marché, il est censé lui assurer un bénéfice et couvrir toutes les dépenses qui sont la conséquence nécessaire et directe des travaux, fournitures ou services, et notamment les impôts, droits et taxes applicables, sauf lorsqu'ils sont exclus du prix du marché en vertu du terme de commerce retenu[27].

---

[27] Art. 54 de la Loi relative aux marchés publics.

Les marchés publics imposent donc à l'autorité contractante un engagement financier à l'égard du titulaire ; la contrepartie financière de la réalisation étant traduite par le paiement du prix en numéraires ou parfois, d'un avantage ayant une valeur pécuniaire ou un abandon de recette concédé par l'autorité contractante[28]. Ayant pour point de mire le prix à payer au titulaire du contrat, ils obligent parfois les parties à convenir que ledit prix soit compensé par l'allègement fiscal ou la réalisation des services.

Du caractère onéreux et bilatéral du marché, il se dégage que les droits du titulaire du marché sont la contrepartie du versement par l'autorité contractante du prix ou de la compensation à retirer au moment de son exécution. Il est clair que l'absence de la contrepartie sérieuse fait priver le marché de toute sa pertinence ; il est, en principe, nul ou assimilé à une libéralité.

En rapport avec l'importance du prix dans l'exécution du marché public, une opinion en exclut l'indication apparente[29] et considère que la rémunération du cocontractant résulterait du droit de l'exploitation d'un élément du patrimoine public. Il en sera de même des contrats portant sur les mobiliers urbains et qui touchent notamment aux abris-bus, panneaux d'informations ou des journaux électroniques. Pour ces contrats, il est admis que le titulaire fasse dépendre sa rémunération des résultats de l'exploitation des services publics.

Dans la pratique, en effet, les résultats attendus peuvent donner lieu à des enrichissements des prestations ou à l'érection des véritables monopoles dans le secteur d'activités. Autorisés en France, ces montages contractuels

---

[28] Art. 33, al. 1er et 2 du Décret n°10/22 du 2 juin 2010 portant Manuel des procédures de la Loi relative aux marchés publics.

[29] LINDITCH F, *Le droit des marchés publics*, Paris, 5ème éd. Dalloz, Coll. Connaissance du droit, 2009, p. 17.

se sont révélés contraires à l'esprit et à la lettre de la loi congolaise des marchés publics.

La sanction de la violation des stipulations contractuelles est, en principe, réglementée selon les prescriptions tirées du droit civil. En droit public, elle pourrait être assimilée à une donation, ce qui aboutit au même résultat, mais pour être tenue d'exécuter ses obligations contractuelles, l'autorité contractante doit s'assurer que la réalisation des travaux est effectivement faite, la fourniture livrée ou la prestation de services exécutée.

2. Les marchés de travaux, de fournitures, de services et de prestations intellectuelles

Passés par l'administration publique, les marchés publics poursuivent tantôt la réalisation des travaux, tantôt la remise de fournitures ou l'exécution des services ou encore les prestations intellectuelles.

Les marchés de travaux portent sur la réalisation, au bénéfice de l'autorité contractante, des travaux de bâtiment ou de génie civil, la réfection d'ouvrages[30], la construction d'immeuble, ouvrage d'art et divers travaux de génie civil tels que les routes, les ports, les aéroports et les voiries[31].

Peu importe la nature publique ou privée de l'édifice, il suffit que la personne physique ou morale de droit privé réalise des travaux d'intérêt général pour que les marchés soient considérés de travaux. Il en est ainsi des travaux immobiliers exécutés dans le but de satisfaire l'intérêt communautaire.

---

30 Art. 8 de la Loi relative aux marchés publics.

31 Art. 25 du Décret n°10/22 du 2 juin 2010 portant Manuel des procédures de la Loi relative aux marchés publics.

Est également qualifié de public, le marché dans lequel l'administration ou son mandataire détermine la hauteur et la nature de la fiscalité du projet et en fixe son enveloppe financière[32]. N'est pas concerné le marché qui ne fait pas de l'autorité contractante le maître d'ouvrage.

Les marchés de fournitures obligent la personne physique ou morale de droit privé à effectuer pour le compte de l'autorité contractante, un travail ou une activité au titre d'un service à rendre à l'administration demanderesse. Ils portent sur la réalisation de service courant ou de prestations intellectuelles.

Alors que les services courants poursuivent l'acquisition des services pouvant être exécutés sans spécifications techniques exigées par le maître d'ouvrage, ceux de prestations intellectuelles concernent la rémunération des œuvres d'esprit.

Dans la pratique, les marchés de fournitures concernent l'achat, la prise en crédit-bail, la location ou la location-vente de produits ou matériels au bénéfice d'une autorité contractante[33]. Le législateur donne aux fournitures un sens plus large, couvrant en même temps les marchandises, biens, produits et les équipements mobiliers[34].

De portée essentiellement fonctionnelle, cette position semble ne pas insister sur les moyens par lesquels les fournitures sont mises à la disposition de l'autorité contractante ; peu importe qu'il s'agisse de l'achat, la location, la location-vente ou le crédit-bail.

---

32 LINDITCH F, *Le droit des marchés publics*, p. 21.

33 Art. 9 de la Loi relative aux marchés publics.

34 KABEYA MUANA KALALA G, *Passation des marchés publics.* t.1 *Principes, règles, institutions, procédures, pratiques de passation et contentieux*, Kinshasa, éd. BATENA NTAMBWA, 2012, p. 26.

A la différence de l'achat, le crédit-bail a des exigences particulières par ce qu'il autorise le financement d'une location avec une option d'achat au profit du locataire. Le crédit-bail comporte, quant à lui, des prestations accessoires telles que l'entretien du bien pris en location et la fixation du prix de l'achat en tenant compte, au moins en partie, des loyers réglés.

S'agissant de la location-vente, on retiendra qu'il prévoit, en plus du louage du bien, la possibilité pour le locataire d'en devenir propriétaire après, bien sûr, l'avoir acquis à un prix déterminé ou déterminable, indépendamment des loyers versés[35].

Les marchés de services renferment donc une variété des contrats conduisant à l'acquisition par le maître d'ouvrage des services susceptibles d'être fournis sans qu'aucune spécification technique ne soit exigée. Ils portent essentiellement sur les prestations de transport, d'entretien et de maintenance des équipements, des installations et des matériels de nettoyage, de gardiennage des locaux administratifs, de jardinage[36], de traitement des données informatiques, d'impression, de publication ou de publicité des services.

Le mode d'acquisition de ces types de marchés est semblable à celui d'usage à ceux de fournitures. La procédure utilisée est, sauf exception légale ou si le montant estimé est inférieur aux seuils retenus pour les appels d'offres, la même que celle des marchés passés par appel d'offres ouvert[37]. Se remarque ainsi le souci de matérialiser le

---

[35] Art. 25, point b du Décret n°10/22 du 2 juin 2010 portant Manuel des procédures de la Loi relative aux marchés publics.

[36] Art. 10 de la Loi relative aux marchés publics.

[37] Art. 25, point c du Décret n°10/22 du 2 juin 2010 portant Manuel des procédures de la Loi relative aux marchés publics.

dispositif arrêté et convenu à l'avance en vue de rendre effectifs les services sur lesquels peut porter le marché.

Les marchés de prestations intellectuelles portent sur les œuvres de l'esprit et la propriété intellectuelle. Elles incluent les contrats de maîtrise d'ouvrage délégué, ceux ayant pour objet la conduite d'opération, la maîtrise des œuvres et les services d'assistance technique, la prestation, les études et la maîtrise des œuvres qui, le cas échéant, comportent des obligations spécifiques liées à la notion de propriété intellectuelle[38].

Tendant vers la réalisation des activités intellectuelles où l'importance des moyens matériels et la capacité financière ne sont, en principe, pas primordiales, ils insistent sur le savoir-faire du candidat dans la réalisation des études et travaux de recherche ou des services de conseil, d'ingénierie et d'assistance[39].

Le législateur s'occupe aussi des marchés dits mixtes, ceux qui dans leur conclusion, s'emploient à recourir simultanément aux éléments de l'une ou de l'autre catégorie des marchés traditionnels, à savoir les marchés de travaux, ceux de fournitures, de services et des prestations intellectuelles.

Il est clair que, c'est l'objet du contrat qui confère la qualification ou la nature mixte du marché public conclu, par exemple, pour la réalisation concomitante de services et de fournitures.

---

38 Art. 11 de la Loi relative aux marchés publics.

39 Art. 25, point d du Décret n°10/22 du 2 juin 2010 portant Manuel des procédures de la Loi relative aux marchés publics.

C. Les procédures de passation des marchés publics

Le législateur organise principalement les marchés par appel d'offres et, exceptionnellement, ceux de gré à gré[40]. Une attention particulière est portée sur les marchés à bon de commande et de clientèle, ainsi que les marchés spéciaux et la délégation de service public.

1. Les marchés de gré à gré

Le marché de gré à gré est passé sans appel d'offres[41], mais avec l'autorisation écrite et préalable de la Direction générale de contrôle des marchés publics. La demande de recours à cette procédure doit être également et contenir les raisons qui le justifient. C'est un marché passé par entente directe.

Contrat par entente directe, le marché de gré à gré n'a lieu que lorsque les besoins à satisfaire justifient l'emploi d'un brevet d'invention, d'une licence ou de droits exclusifs détenus par un seul entrepreneur, un seul fournisseur ou un seul prestataire.

Sont également concernés par cette procédure, les marchés susceptibles de n'être confiés qu'aux seuls prestataires préalablement déterminés pour des raisons techniques ou artistiques. Dans le même temps et lorsqu'en cas d'extrême urgence, l'autorité contractante se propose, pour les travaux des fournitures ou services, de les faire exécuter en lieu et place de l'entrepreneur, du fournisseur ou du prestataire défaillant.

---

[40] Exposé des motifs de la Loi n°10/010 du 27 avril relative aux marchés publics, *Journal officiel de la République démocratique du Congo*, numéro spécial du 30 avril 2010. p. 5.

[41] Art.41 de la Loi relative aux marchés publics.

Le recours à la procédure de gré à gré se justifie davantage lorsqu'en cas d'impérieuse urgence motivée par des circonstances imprévisibles ou de force majeure, l'administration se trouve obligée de ne pas respecter les délais prévus dans les procédures d'appel d'offres et contrainte de solliciter une intervention immédiate.

La passation des marchés spéciaux dans le domaine de la défense et de la sécurité sollicitent fréquemment le recours à la technique de gré à gré[42].

Il en découle que le marché de gré à gré ressemble, dans ses phases de négociation et de conclusion, à celui de droit privé n'exigeant aucune procédure particulière. La nature publique de ce contrat ne tient qu'à la qualité de l'une des parties contractantes, à savoir la personne morale de droit public.

On admet que le marché de gré à gré ne soit autorisé que pour les entrepreneurs, fournisseurs ou prestataires de services disposant d'une expertise requise ou ayant antérieurement exécuté des travaux analogues, mais qui acceptent de se soumettre, durant l'exécution des prestations, à un contrôle des prix spécifiques. Il doit, pour ce faire, indiquer clairement les obligations comptables auxquelles est soumis l'attributaire[43].

2. L'appel d'offres

L'appel d'offres est une procédure par laquelle l'autorité contractante choisit, sans négociation avec les candidats, l'offre économiquement la plus avantageuse, évaluée sur la base de critères objectifs portés à la connaissance des candidats et exprimés en termes monétaires[44]. Les marchés

---

42 Art.42 de la Loi relative aux marchés publics.
43 Art. 43 de la Loi relative aux marchés publics.
44 Art.21 de la Loi relative aux marchés publics.

par appel d'offres sont, en règle générale, constitués sur la base d'éléments techniques et financiers préalablement répertoriés dans le dossier de soumission.

Erigé en principe dans la passation de la commande publique[45], l'appel d'offres impose le respect d'un certain nombre d'étapes successivement organisées dans le code[46] et portant, soit sur la réalisation des travaux d'intérêt public, soit sur les fournitures, soit encore sur les prestations de services.

Les marchés de services poursuivent la réalisation des prestations qui ne peuvent être qualifiées, ni de travaux, encore moins de fourniture. Ils portent sur :

- l'acquisition des services devant être fournis sans spécifications techniques exigées par le maître d'ouvrage ;
- les prestations de transport, d'entretien et de maintenance des équipements, des installations et des matériels de nettoyage, de gardiennage des locaux administratifs et de jardinage [47] ;
- la procédure de cotation en vue de l'acquisition du matériel roulant, des fournitures des bureaux ou d'équipement informatique (dans ces types de marché, ni l'exigence de la garantie de soumission, encore moins les délais d'exécution connus ne sont, à l'avance, de mise).

3. Les marchés à bons de commande et de clientèle

Le législateur distingue les marchés à bons de commande de ceux de clientèle. Les marchés à bons de commande autorisent l'autorité contractante de couvrir ses besoins courants annuels de fournitures dont il n'est pas possible, au

---

45 Art. 17 de la Loi relative aux marchés publics.

46 EMERY C, *Passer un marché public. Principes, procédures et contentieux*, Paris, 1re éd. Delmas, 2001, p. 225.

47 Art. 10 de la Loi relative aux marchés publics.

début de l'année, de prévoir l'importance exacte, ou bien qui excèdent les possibilités de stockage.

Conclue pour une année renouvelable une seule fois, cette catégorie des marchés indiquent obligatoirement les limites maximales et minimales de la prestation globale à fournir, ces limites pouvant être exprimées en quantité ou en valeur[48].

Les marchés de clientèle engagent, en revanche, l'autorité contractante à confier à certains contractants ou soumissionnaires prestataires, pour une période limitée à une année renouvelable une fois, l'exécution de tout ou partie de certaines catégories de prestations de services , définies par la réglementation en vigueur suivant des commandes faites au fur et en mesure des besoins[49]. Cette obligation les rapproche de plus en plus de la délégation de service public.

4. Les marchés spéciaux et la délégation de service public

En raison de leur objet, certains marchés bénéficient d'une protection légale particulière qui en exclut le recours en tout ou en partie aux techniques d'appel d'offres et de gré à gré. Ils portent sur l'acquisition des équipements ou fournitures ainsi que les prestations de toute nature, mais strictement liées à la défense nationale, à la sécurité et aux intérêts stratégiques de l'État.

C'est par décret du premier ministre délibéré en conseil des ministres que ces marchés sont passés. La même autorité organise la passation des délégations de service public, celle des marchés à participation communautaire, notamment les

---

48 Art. 38 de la Loi relative aux marchés publics.
49 Art. 40 de la Loi relative aux marchés publics.

conditions de leur conclusion, la publicité, les délais de procédure, la pré-qualification et la sélection des offres[50].

§2. Les sources du droit des marchés publics

Le droit des marchés publics comporte une diversité des sources. Jadis considérés comme relevant essentiellement du domaine réglementaire, les marchés publics convoitent de plus en plus d'autres sources tels que la Constitution, les traités et accords internationaux, les lois, la jurisprudence et la doctrine administratives.

A. La source constitutionnelle

Initialement absent du champ d'action des marchés publics, le droit constitutionnel y a fait, depuis quelques années, une entrée remarquée : il organise la compétence législative et l'égalité des collectivités publiques dans la réglementation sur l'achat public.

La Constitution congolaise du 18 février 2006 telle que révisée à ce jour fait de la bonne gouvernance et la lutte contre l'impunité l'une de ses valeurs[51] ; elle oblige le président de la République, le premier ministre et les autres membres du gouvernement à déposer, avant leur entrée en fonction et à l'expiration de celle-ci, la déclaration écrite de leur patrimoine familial devant la Cour constitutionnelle.

Ainsi faite, la déclaration du patrimoine familial énumère les biens meubles et immeubles y compris terrains non bâtis, forêts, plantations et terres agricoles, mines et tous les autres

---

50 Art. 46 de la Loi relative aux marchés publics.

51 Exposé des motifs de la Constitution du 18 février 2006 telle que modifiée par la Loi n°11/002 du 20 janvier 2011 portant révision des certains articles de la Constitution de la République démocratique du Congo du 18 février 2006, *Journal officiel de la République démocratique du Congo*, n° 3 du 1er février 2011 p. 40.

immeubles, avec indication des titres pertinents ; inclut les biens du conjoint selon le régime matrimonial, des enfants mineurs et des enfants, même majeurs, à charge du couple[52].

Une fois en possession de la déclaration du patrimoine familial, la Cour constitutionnelle la communique à l'administration fiscale. Il en est ainsi de la déclaration faite, devant la Cour administrative d'appel territorialement compétente, par chaque membre du gouvernement provincial[53].

Dans le domaine des marchés publics, le constituant indique que la construction et l'entretien des routes d'intérêt national, la perception et la répartition des péages pour l'utilisation des routes construites par le pouvoir central et/ou par la province sont de la compétence concurrente du pouvoir central et des provinces[54].

Les travaux et marchés d'intérêt provincial et local ainsi que l'acquisition des biens pour les besoins de la province sont, en revanche, de la compétence exclusive des provinces[55] pour que les Assemblées provinciales soient autorisées de voter des édits pour l'organisation des dispositions spécifiques aux marchés publics et à la délégation de service public passés par les autorités provinciales et les entités territoriales décentralisées[56].

En attendant la production de ces édits, les marchés publics et délégations de service public intervenus dans les provinces et entités territoriales décentralisées doivent se

---

52 Art. 99, alinéas 2 et 3.

53 Art. 24 de la Loi n°08/012 du 31 juillet 2008 portant principes fondamentaux relatifs à la libre administration des provinces.

54 Art. 203, point 21 de la Constitution du 18 février 2006.

55 Art. 204, points 11 et 12 de la Constitution du 18 février 2006.

56 Art. 1, alinéa 1 de la Loi relative aux marchés publics.

conformer aux dispositions de la loi portant principes fondamentaux relatifs à la libre administration des provinces.

B. Les traités et accords internationaux

Dans le cadre de la mondialisation des échanges commerciaux, la passation des marchés publics est souvent évoquée dans les relations interétatiques ou avec les organisations internationales ou régionales. La conclusion des traités internationaux ayant pour objet, soit l'exécution des travaux, soit la réalisation des fournitures, soit la prestation des services sont, à cet égard, des indicateurs intéressants.

Avec les partenaires multi et bilatéraux, la République démocratique du Congo a dû chaque fois faire recours aux accords de financement des travaux d'intérêt commun réalisés localement par les investisseurs étrangers ou nationaux.

Rien d'étonnant que le législateur situe la conclusion des marchés publics dans le cadre de la signature des traités et les accords de financement conclus avec les bailleurs des fonds[57] pour assurer l'intégration économique de la République démocratique du Congo.

C. La source légale

La règlementation des marchés publics est, pour chaque pays, tributaire de l'orientation économique arrêtée par le gouvernement. Dans une économique libérale, par exemple, ces contrats ne relèvent pas totalement du domaine réglementaire, ce qui est loin d'être le cas, lorsque la politique économique du pays est tournée vers l'interventionnisme étatique.

---

[57] Art. 2, 3 et 4 de la Loi relative aux marchés publics.

Traditionnellement aménagés dans un cadre réglementaire, les marchés publics préoccupent de plus en plus le législateur dont l'apparition contribue au cadrage de la procédure de contrôle et de gestion de responsabilités gouvernementales.

Avec la multiplicité des contrats qui font fréquemment intervenir les personnes morales de droit public et l'État dans la règlementation de l'activité économique, les marchés publics ne peuvent plus échapper à l'autorité de la loi.

La montée en puissance de la loi dans ce domaine s'explique encore par le développement du contentieux pénal qui s'y rapporte. Le droit positif congolais organise, d'ailleurs, les contrôles administratif et juridictionnel de l'exécution des marchés publics. La connaissance de dispositif facilite la compréhension de la matière.

Qu'il s'agisse, en effet, du code pénal et d'autres lois sur l'organisation judiciaire, de la loi financière, celle fixant la nomenclature des taxes, impôts et redevances, de la loi sur la comptabilité publique ou les réformes des entreprises publiques, de la loi relative à la lutte contre le blanchiment des capitaux et le financement du terrorisme ou de celles sur la décentralisation territoriale et administrative, la question des marchés publics est au centre des intérêts du législateur.

Autrefois organisés par le décret royal du 25 février 1959 lui-même modifié par l'ordonnance-loi n°69-054 du 5 décembre 1969, les marchés publics sont actuellement régis par la loi n° 10/010 du 27 avril 2010.

D. La source règlementaire

Le cadre juridique sur les marchés publics intéresse au plus haut point le pouvoir exécutif et, plus globalement, les pouvoirs publics agissant bien souvent par des normes réglementaires.

Acte administratif à caractère général, impersonnel et abstrait, la norme règlementaire émane d'une autorité exécutive ou administrative dans ses rapports avec les administrés [58]. C'est une décision unilatérale qui vise la satisfaction de l'intérêt général et à produire des effets juridiques impersonnels[59].

Avant la Constitution du 18 février 2006, une clarification dans l'exercice, par le pouvoir exécutif, du pouvoir réglementaire semble avoir peu intéressé le constituant. La pratique s'en était emparée pour induire qu'à l'instar de la France, l'édiction de normes réglementaires soit rendue nécessaire pour l'exécution ou l'application d'une loi[60].

Ce déficit a depuis lors justifié la sollicitation du pouvoir réglementaire dans le cadrage des marchés publics. Aussi, pour la mise en place du dispositif règlementaire, le constituant congolais s'était-il vu obligé d'établir un réel partage de compétences entre les différentes autorités exécutives nationales, provinciales, urbaines, municipales et locales.

Au niveau national, le président de la République statue par ordonnance[61] et le premier ministre[62]par décret[63], les autres membres du gouvernement agissant par voie d'arrêté[64].

---

58 YUMA BIABA L, *Manuel de droit administratif*, p. 47.

59 VUNDUAWE te PEMAKO F, *Traité de droit administratif*, Bruxelles, Larcier, 2007, p. 303.

60 CHRETIEN P et CHIFFLOT N, *Droit administratif*, p. 177.

61 Art. 72, al. 3 de la Constitution du 18 février 2006.

62 C'est, en effet, lui qui, aux termes de l'article 92 de la Constitution dispose du pouvoir réglementaire, le président de la République ne l'exerçant qu'exceptionnellement.

63 Art. 92, al. 2 de la Constitution du 18 février 2006.

64 Art. 93, al. 2 de la Constitution du 18 février 2006.

S'agissant des autorités exécutives provinciales et des entités territoriales décentralisées, on note que le gouverneur de province[65], le ministre provincial[66], le maire[67], le bourgmestre[68], le chef de secteur ou de chefferie[69]agissent par voie d'arrêté.

Dans le cadre de l'organisation interne de l'administration et notamment de la police, les autorités exécutives sont parfois amenées à prendre des circulaires, notes ou ordres de service soumis, en principe, au contrôle juridictionnel de légalité.

Faite pour assurer l'exécution de la loi ou la compléter au besoin, la norme règlementaire est autonome ou subordonné[70], la première intervenant dans des matières autres que celles exclusivement conférées à la loi[71].

Les critiques formulées sur l'efficacité des normes réglementaires n'ont pas impacté sur leur utilité comme source du droit des marchés publics. En de vue de l'exécution du décret du 25 février 1959 sur les marchés publics, il a été pris :

- l'arrêté royal du 26 juin 1959 sur les marchés publics de travaux, de fournitures et de transports ;

---

65 Art. 28, al. 6 de la Loi n° 08/012 du 31 juillet 2008 portant principes fondamentaux relatifs à la libre administration des provinces, *Journal officiel de la République démocratique du Congo*, numéro spécial du 31 juillet 2008, col. 1- 18.

66 Art. 29, al. 3 de la susdite Loi.

67 Art. 44 de la Loi organique n°08/016 du 7 octobre 2008 portant composition, organisation et fonctionnement des entités territoires décentralisées et leurs rapports avec l'État et les provinces, *Journal officiel de la République démocratique du Congo*, numéro spécial du 10 octobre 2008, col. 5-32.

68 Art. 63 de la susdite Loi.

69 Art. 89 de la Loi précitée.

70 YUMA BIABA L, *Manuel de droit administratif*, p. 47.

71 Art. 128 de la Constitution du 18 février 2006.

- l'ordonnance n° 34/648 du 11 décembre 1959 instituant les Conseils des adjudications et le Conseil supérieur des adjudications ;
- l'ordonnance n° 77 du 18 octobre 1961 relative aux marchés conclus par le ministère des travaux publics ;
- l'ordonnance n° 168 du 5 octobre 1962 relative aux marchés intéressant le ministère des transports et communications ;
- l'ordonnance n° 69/033 du 12 mars 1969 relative aux marchés de travaux, de fournitures et de transports du ministère des anciens combattants ;
- l'ordonnance n°69/075 du 10 octobre 1969 relative aux marchés de travaux, de fournitures et de transports de l'Armée congolaise.

En vue de la matérialisation de la loi relative aux marchés publics, plusieurs normes réglementaires ont été prises. Il s'agit du :

- décret n°10/21 du 2 juin 2010 portant création, organisation et fonctionnement de l'autorité de régulation des marchés publics ;
- décret n°10/27 du 28 juin 2010 portant création, organisation et fonctionnement de la direction générale du contrôle des marchés publics ;
- décret n°10/32 du 28 décembre 2010 portant création, organisation et fonctionnement de la cellule de gestion des projets et des marchés publics ;
- décret n°10/22 du 2 juin 2010 portant Manuel de procédures de la loi relative aux marchés publics ;
- décret n°10/33 du 28 décembre 2010 fixant les modalités d'approbation des marchés publics et des délégations de service public ;
- décret n°10/34 du 28 décembre 2010 fixant les seuils de passation, de contrôle et d'approbation des marchés publics ;

- le décret n°039/2001 du 8 août 2001 portant création, organisation et fonctionnement du bureau central de coordination ;[72]
- des édits et arrêtés provinciaux prises en exécution de la loi relative aux marchés publics.

E. La jurisprudence

Dans le domaine des marchés publics, la jurisprudence occupe une place de choix ; on la retrouve à toutes les étapes de la conclusion de l'achat public et, notamment, au moment du lancement de l'avis d'appel d'offres, du dépôt des soumissions, de l'attribution et l'exécution du marché.

En dépit de l'importance reconnue à la jurisprudence, il s'observe une absence quasi uniforme des décisions de justice rendues dans le cadre de passation des marchés publics, et qui ont vocation à faire mieux comprendre le secteur d'activités. L'organisation de la procédure contentieuse devait, autant que faire se peut, participer à la réduction des frontières séparant jadis la matière des premiers bénéficiaires que sont les citoyens.

Initialement confié par la section administrative de la Cour suprême de justice et celle de la Cour d'appel, le contentieux administratif est, à la faveur de la loi organique n° 08/016 du 7 octobre 2008 portant composition, organisation et fonctionnement des entités territoriales décentralisées et leurs rapports avec l'État et les provinces, réparti entre le Conseil d'État, la cour administrative d'appel et le tribunal administratif.

En application des dispositions pénales[73]contenues dans la loi du 27 avril 2010, les juridictions congolaises pourront

---

72 *Journal Officiel de la République démocratique du Congo*, numéro spécial, novembre 2001, pp. 151-155.

73 Art.77-79 de la Loi relative aux marchés publics.

aisément contribuer à l'avènement d'un droit pénal des marchés publics véritablement contraignant. Est également invité à cet exercice, la concurrence, mieux le regard croisé entre les spécialistes du droit pénal et ceux du droit administratif dans le processus global de la connaissance des spécificités des règles et procédures de passation et de la gestion de la commande publique.

F. La doctrine

La doctrine associe à la dimension théorique que renferment les opinions des spécialistes, l'apport pratique des réflexions et décisions de l'administration publique.

Présentés sous formes des notes ou avis de l'administration, circulaires, instructions de service, guide ou manuel de procédures, voire des directives, ces documents administratifs contiennent des précieuses informations à la disposition des parties à un marché public, mais également des praticiens de droit pour qui ils constituent un outil de travail d'importance capitale

Indispensable pour la doctrine, la documentation produite par l'administration compétente est, somme toute, bénéfique aux acheteurs publics soucieux de disposer, par ailleurs, de commentaires neutres et suffisamment annotés sur la réglementation appropriée.

Dans le domaine des marchés publics, cependant, la maigreur des productions scientifiques contraste paradoxalement avec l'engouement au processus d'appropriation de l'organisation et la gestion de la commande publique.

Section 2 : L'autonomie du droit des marchés publics

Le droit des marchés publics est essentiellement procédural. De la préparation du dossier d'appel d'offres au règlement des différends éventuels en passant par le contrôle de l'exécution du marché, on assiste à une vague de procédures complexes et détaillées que la somme d'énergies et d'argent dépensée incitent à la maitrise.

La reconnaissance de l'autonomie du droit des marchés publics est une évidence qui dérive, non pas de son cloisonnement au milieu d'autres disciplines juridiques, mais à la distance qu'il est capable de créer à leur égard et particulièrement avec le droit pénal ordinaire uniquement dans le cadre de la moralisation de la commande publique. De là, il est possible d'inventorier quelques traits caractéristiques de la discipline.

§1. L'autonomie vis-à-vis des autres branches de droit public

Bien qu'entretenant, par moments, des relations de dépendance à l'égard d'autres branches de droit public, le droit des marchés publics ne s'est pas privé de se doter, pour sa propre existence, des règles et procédures spécifiques.

Cette singularité se dessine dans les rapports avec le droit constitutionnel, le droit administratif, les sciences administratives, le contentieux administratif et les finances publiques

A. Le droit constitutionnel

Le droit constitutionnel étudie, pour l'essentiel, l'organisation et la dévolution du pouvoir au sein de l'État, la promotion et la protection des droits de l'homme et des libertés publiques.

Sa suprématie sur les autres branches de droit contraste avec les limites qu'entoure la répression des violations constitutionnelles. Souvent en mauvaise posture dans ce domaine, le droit constitutionnel se distance de celui des marchés publics par la correction que ce dernier impose aux violations des règles et procédures de l'achat public.

Régissant les rapports contractuels des parties à l'accord, le droit des marchés publics est un instrument au service de la réalisation des missions de l'État providence consacré, par ailleurs, dans la Constitution.

B. Le droit administratif

Le droit administratif détermine et fixe l'organisation des services publics appelés à mettre en œuvre l'action de l'État. Il règle les rapports entre l'administration, ses agents et les particuliers.

Prolongement naturel du droit constitutionnel, ce droit sert de cadre à l'organisation de l'activité étatique. Si le droit constitutionnel a comme fondement la Constitution, celui administratif tire sa substance de la loi et des normes règlementaires.

Par rapport au droit administratif, celui des marchés publics s'en éloigne, en raison de la spécificité des règles et procédures qui ordonnancent la passation, l'exécution et le contrôle de la commande publique.

C. Les sciences administratives

Une mise au point sur le rapport entre le droit administratif et la science administrative est indispensable au cadrage des relations entre la science administrative et le droit des marchés publics : on note que l'un et l'autre s'occupent des règles auxquelles l'autorité politique assujettit la réalité administrative et la pratique de l'action administrative.

En dépit de cette distance, les deux disciplines se rejoignent lorsque les analyses portent sur les faits, potentiellement ou effectivement, soumis au droit. Il reste que leur optique est différente et, en quelle que sorte, inversée. Le spécialiste du droit administratif étudie la règle administrative en tant que telle, c'est-à-dire comme règle d'autorité : il analyse le fait administratif à travers le droit. Le chercheur en sciences administratives s'occupe des faits et ne recourt au droit que dans la mesure où ce dernier s'incorpore aux faits.

Poursuivant le même objectif, le droit administratif et la science administrative développent des liens de collaboration fructueuse. Ce rapprochement tient au fait que l'administration est étroitement insérée dans le droit qui lui sert bien souvent de support et de cadre. Le spécialiste de science administrative ne peut en occulter l'apport, tout comme le juriste doit s'assurer de l'intégration des règles du droit administratif dans la réalité administrative. C'est justement dans ce secteur que les deux disciplines marquent leur distance vis-à-vis du droit des marchés publics.

D. Le contentieux administratif

Étant donné que les marchés publics sont des contrats qui unissent les personnes publiques et privées conviées à la satisfaction du besoin d'intérêt général, les litiges qui en découlent sont naturellement portés devant le juge administratif.

L'intervention de ce juge dans le règlement des litiges nés de la passation, l'exécution et le contrôle des marchés publics est postérieure à la procédure administrative. Le candidat lésé par une irrégularité constatée dans la procédure de passation du marché est autorisé de saisir préalablement les instances administratives compétentes. Son recours peut avoir comme fondement, la violation du délai de publicité, l'absence de transparence, le traitement inégalitaire des soumissionnaires ou la violation de la liberté d'accès à la commande publique.

A propos de l'exécution du marché, le juge administratif n'est souvent sollicité que pour combattre l'usage abusif des pouvoirs exorbitants de l'administration, notamment ceux visant la sanction, le contrôle et la résiliation unilatérale de contrat. C'est, en effet, par un recours pour excès de pouvoir que le cocontractant peut attaquer les ordres abusifs du service administratif concerné. Ce recours ne s'attaque pas au contrat lui-même, mais aux actes détachables tels que la décision d'attribution, de substitution du marché ou d'autres ordres de service.

La contestation de la validité du contrat est, selon la procédure de pleine juridiction, faite devant le juge administratif. En raison, toute fois, de la diversité des procédures applicables aux différents types de marchés publics, ce juge est autorisé à établir la hiérarchie de responsabilité contractuelle et fixer, éventuellement, les indemnités conséquentes.

E. Les finances publiques

Les finances publiques s'apparentent au droit budgétaire, à la législation financière ou à la science financière. La discipline étudie comment préparer, voter, exécuter et contrôler les budgets de l'État et des autres personnes publiques.

Loin d'être réduite au seul examen des aspects techniques et comptables du budget, les finances publiques s'occupent aussi, et peut-être fondamentalement, des aspects politiques, économiques et sociaux du budget.

Par sa spécificité, ce droit regroupe l'ensemble des règles sur la passation, la gestion et le contrôle des contrats ayant pour objet la commande publique.

§2. L'autonomie à l'égard du droit pénal

En règle générale, le droit pénal définit les comportements qui constituent, au moment de leur commission, des contreventions ou incriminations à la loi pénale et les sanctionne par des amendes ou l'emprisonnement.

Dans un procès pénal, le délinquant se trouve en face de l'État représenté par le ministère public alors que le procès civil autorise l'affrontement entre le demandeur et le défendeur. Même si la présence de l'officier du ministère public est une garantie de protection sociale et de l'ordre public, la condamnation civile induit le caractère privé d'un procès qui, au départ, était public. Comportant les aspects répressif et civil, le procès pénal dérive simultanément des règles du droit public et du droit privé.

Le droit des marchés publics a pour vocation de moraliser la vie publique par l'incrimination des actes pénaux commis à l'occasion de la passation, l'exécution et le contrôle des marchés publics. C'est, en effet, l'organisation particulière du régime répressif des incriminations qui sépare le droit des marchés publics du droit pénal.

Selon le législateur, toute infraction commise à l'occasion de la passation des marchés publics ou de délégation de service public sera punie du double de la servitude pénale prévue pour des cas ordinaires. Les amendes, si elles sont organisées, connaissent une hausse qui les éloigne singulièrement de celles prévues, pour la même infraction, par le Code pénal ordinaire[74].

Pour consolider son autonomie, le droit des marchés publics aménage une série d'incriminations nouvelles telles

---

[74] Art. 77 de la Loi relative aux marchés publics.

que le conflit d'intérêts, le délit d'initié et la prise illégale d'intérêts.

Il y a conflit d'intérêts lorsqu'un membre de l'autorité contractante ou délégante prend part à la prise de décision concernant le candidat ou le titulaire du marché au quel il est lié par les intérêts incompatibles avec ceux de l'Etat. Cette situation apparait, lorsqu'avant sa désignation comme autorité contractante ou délégante, celle-ci se trouvait dans une situation juridique incompatible avec les intérêts de l'État qu'elle est pourtant appelée à défendre. Profitant de sa position officielle et actuelle d'autorité contractante ou délégante, elle s'emploie à faire bénéficier le marché à un candidat dont elle connait être une personne écran.

Le délit d'initié survient lorsqu'un membre de l'autorité contractante ou délégante, chargé d'un service public ou investi d'un mandat électif fournit ou fait usage des informations privilégiées détenues en raison de ses fonctions ou de son mandat, dans le but d'influencer l'attribution d'un marché ou d'une délégation de service public.

Cette incrimination suppose l'existence des informations privilégiées détenues dans le cadre de l'attribution du marché ou de la délégation de service public, d'un lien de causalité entre l'usage que l'on en fait et l'attribution subséquente du marché ou de la délégation du service public concerné.

Par prise illégale d'intérêts, on entend une situation dans laquelle un fonctionnaire, agent public ou élu prend, reçoit ou conserve un intérêt dans une entreprise ou une opération dont il a, au moment de l'acte, la charge d'assurer la surveillance, l'administration ou la liquidation. Il en sera ainsi lorsque, redoutant les capacités techniques ou financières d'un candidat à un marché public, l'agent, fonctionnaire ou élu intéressé refuse volontairement de lui communiquer les informations se rapportant au dit marché.

Saisi de l'une ou l'autre de ces incriminations, le juge pourra, en plus de la condamnation pénale des personnes mises en cause, ordonner la confiscation des garanties constituées par l'entreprise concernée et son exclusion, pour une durée maximum de cinq ans, de la commande publique. En cas de récidive, il encourt une exclusion définitive[75].

Section 3. Les traits fondamentaux du droit des marchés publics

Peu importe le système mis en place, le dispositif juridique applicable à la commande publique comporte une triple dimension technique, complexe et contentieuse.

§1. Le droit technique

A la différence de certaines activités réputées traditionnellement techniques, celle touchant à la commande publique n'exige à priori aucune formation préalable ni capacité particulière. Il n'est pas rare de constater, en pratique, qu'aussitôt recruté dans la fonction publique, un agent sans qualification soit obligé de participer à la préparation et la gestion des contrats administratifs générant d'importantes sommes d'argent pour qu'apparaisse le besoin d'initier un apprentissage sur le tas avec le risque de perpétrer la reproduction des habitudes antérieures.

Courante dans l'administration publique, la pratique participe à la simplification de l'engagement professionnel de l'agent commis pourtant à la préparation et la gestion d'une activité réputée technique. Elle n'épargne pas la commande publique des erreurs éventuelles préjudiciables à la crédibilité du processus qui l'accompagne.

---

75 Art. 79 de la Loi relative aux marchés publics.

Dans ce domaine, en effet, le problème de la qualification du personnel est réel, il se remarque dans l'inexpérience et le manque d'expertise des fonctionnaires qui côtoient quotidiennement les entrepreneurs professionnels et autres techniciens aux compétences diverses et variées.

Plutôt que de facilité les choses, l'option en faveur de la décentralisation rend davantage périlleuse l'application des règles et procédures relatives aux marchés publics par un personnel politique certes issu du suffrage populaire, mais ne disposant d'aucune technicité ni expérience en la matière.

En attendant que l'autorité de régulation des marchés publics fasse ses preuves dans le domaine de la formation et du renforcement de capacités des acteurs impliqués, on doit s'attendre à ce que le besoin de rationalisation du secteur dévoile, en même temps, la complexité du droit qui le régit.

§2. Le droit complexe

Le droit des marchés publics est complexe, sa connaissance implique, *ipso facto*, celle d'autres disciplines juridiques qui lui servent par moments de support. Il s'agit notamment du droit international, du droit constitutionnel, du droit administratif, du droit fiscal ou celui des finances publiques.

Le droit international offre à la commande publique un cadre rationnel d'expression et de manifestation à travers les contacts qu'il favorise entre les États et les organismes internationaux intéressés.

La connaissance de la nature et de l'objet des accords passés par chaque gouvernement national avec les bailleurs de fonds multi et bilatéraux pour soutenir les marchés de travaux, de fournitures ou de prestations des services à réaliser localement par les investisseurs étrangers ou nationaux participe du rapprochement entre le droit international et celui des marchés publics.

Dans l'établissement des règles juridiques à même de moraliser le secteur de la commande publique, le droit constitutionnel propose un éventail d'incriminations susceptibles de s'y commettre. Du délit d'initié au conflit d'intérêts en passant par la prise illégale d'intérêts, les acheteurs publics, autorités contractantes, celles approbatrices des marchés publics et délégations de service public sont à la fois servis et avertis : ils ne peuvent agir que dans le respect de la bonne gouvernance érigée à juste titre en pilier dans l'accomplissement par les pouvoirs publics de leur mission traditionnelle de satisfaire à l'intérêt général.

Les liens entre le droit administratif et celui des marchés publics découlent de l'implication directe ou indirecte des autorités administratives dans la gestion, le contrôle et l'exécution du dispositif juridique relatif à la commande publique, mais également dans le règlement des contentieux qui peuvent en résulter.

Le contrôle de la régularité du financement de la commande publique rapproche le droit des marchés publics de celui des finances publiques, voire du droit fiscal.

§3. Le droit contentieux

L'une des particularités du droit des marchés publics réside dans sa double dimension procédurale et contentieuse. Pour chaque pays, en effet, la législation sur les marchés publics présente une singularité de traduire une succession de procédures (publicité, mise en concurrence des candidats, recours à l'appel d'offres ou à la technique de gré à gré) d'autant plus détaillées que des sommes d'argent dépensées par l'administration sont importantes[76].

De la passation à l'exécution des marchés publics, on assiste à une succession des procédures dont la violation doit être sanctionnée par le rejet de la commande publique, le but poursuivi étant de s'assurer de la régularité et la crédibilité du processus engagé.

Qu'il s'agisse de la préparation du plan de passation des marchés publics, de l'établissement du cahier de charges, de la constitution des dossiers de prestations, de l'attribution, de l'approbation ou de l'exécution du marché, le contentieux peut être évité lorsqu'on respecte les règles et procédures mises en place.

Du contentieux d'attribution à celui d'exécution du marché public ou de la délégation de service public, les autorités administratives et les instances judiciaires se côtoient, dans l'observance de leurs compétences respectives, aisément.

---

76 LINDITCH F, *op.cit.*, p. 31.

CHAPITRE II

LES PRINCIPES ET RÈGLES DE LA COMMANDE PUBLIQUE

Organisée autour d'un paquet de principes universellement admis, la commande publique s'entoure par moments, des règles spécifiques que l'on retrouve dans chaque phase du processus d'achat public.

Pour autant que ce contrat poursuive la satisfaction de l'intérêt général, son déroulement est généralement encadré pour assurer l'équilibre entre les acteurs impliqués. Il convient de les étudier en vue de se faire une idée des règles qui en sous-tendent l'action publique.

Section 1 : Les principes de la commande publique

En l'absence d'une réglementation uniforme et cohérente, les principes d'achat public n'étaient appliqués que pour le besoin de la puissance publique ; leur usage n'étant pas contraignant.

Pour pallier à cette insuffisance, la loi sur les marchés publics a conféré le caractère impératif et contraignant aux principes qu'il a édictés; l'objectif étant de s'assurer de l'efficacité de la commande publique et de la bonne utilisation de ressources qui en découlent.

Applicables à tout marché ou délégation de service public, ces principes jouissent d'une très grande force juridique pour que leur méconnaissance soit sanctionnée par la nullité de la procédure entreprise[77].

---

[77] Art. 8 du Décret n°10/22 du 2 juin 2010 portant Manuel des procédures de la Loi relative aux marchés publics.

Le Décret portant Manuel de procédures[78]insiste sur la liberté d'accès à la commande publique, l'égalité des candidats, la transparence et l'efficacité des procédures ainsi que la budgétisation des marchés publics.

§1. Le libre accès à la commande publique

Tiré du principe de la libre concurrence que postule tout achat public, le libre accès à la commande publique impose à l'autorité contractante l'ouverture de la compétition à toute personne remplissant les conditions administratives et techniques requises.

Lorsqu'elle se propose, en effet, d'organiser la procédure de commande publique, l'autorité contractante se doit de faire bénéficier à toute personne intéressée les mêmes chances et opportunités. La liberté d'accès à la commande publique n'autorise donc pas de restriction qui ne soit fondée sur la loi, ni justifiée par les nécessités d'exploitation du service en cause.

L'administration publique se voit obligée de respecter un certain nombre de critères en la matière et s'interdire :

- d'exiger, au stade de la candidature, la possession d'un agrément nécessaire à l'exercice de l'activité faisant l'objet du marché ;
- l'accès au marché à une entreprise avec laquelle elle serait en litige ;
- de limiter l'accès de la commande publique aux seules entreprises organisées sous forme de société commerciale, à l'exclusion de toute candidature de groupements d'intérêts économiques ou des personnes physiques, dès lors que ceux-ci ont la capacité juridique de contracter[79].

---

78 En son article 4.

79 EMERY C, *Passer un marché public. Principes, procédures et contentieux*, p. 33.

La liberté d'accès à la commande publique impose à l'administration l'obligation d'écarter de la compétition, tout candidat qui ne se serait pas acquitté des impôts et cotisations dont il est redevable, celui dont la participation à la procédure aurait pour effet de l'exposer au délit de prise illégale d'intérêts, notamment en raison d'un lien entre les associés ou dirigeants de l'entreprise et les élus ou agents de la collectivité publique participant à la décision. La prescription ne vise que le comportement de l'entreprise qui a manqué au devoir d'honorabilité.

§2. L'égalité des candidats

L'égalité des candidats à la commande publique exige de l'administration la neutralité et l'impartialité à l'égard de tous les soumissionnaires. Elle doit, s'agissant de l'établissement des offres, mettre toutes les entreprises concurrentes en situation d'égalité au regard des informations nécessaires à l'exécution du marché.

Bien que garantie, l'égalité doit, par moments, s'accommoder aux limites qu'imposent la protection de l'intérêt général et l'existence des circonstances ne permettant pas de faire un appel général à la concurrence. C'est le cas des marchés spéciaux[80] négociés et conclus dans le cadre de la défense nationale et ceux liés aux intérêts stratégiques de l'État, excluant toute publicité.

Le traitement égalitaire des candidats soumet l'administration à s'abstenir de toute mesure discriminatoire à l'égard d'un candidat. C'est dans ce sens que s'est prononcé le Conseil d'État français qui a censuré le 13 mai 1987 une directive de l'administration[81] accusée d'avoir introduit une discrimination qui n'est pas en rapport avec

[80] Art. 44 de la Loi relative aux marchés publics.
[81] Notamment dans l'affaire de la Société Warner Isofi Isolation.

l'objet de la réglementation des marchés publics et de porter atteinte injustifiée à l'égalité de traitement qui doit être assurée entre les entreprises candidates à la présentation d'une offre[82].

L'application du principe connait une altération découlant de la notion de « préférences nationale ou communautaire ». Le législateur indique que « le candidat étranger qui aura prévu de sous-traiter trente pourcents de la valeur globale du marché de travaux, de fournitures ou de services à une entreprise congolaise ou d'aligner quarante pourcents d'experts congolais dans l'équipe clé des experts pourra bénéficier d'une marche de préférence sous forme d'abattement qui ne pourra être supérieur à cinq pourcent[83] ».

Pour être mise en application, cette disposition doit avoir été préalablement prévue dans le dossier de consultation ou celui d'appel d'offres, viser la protection ou la prise en compte des entrepreneurs et/ou fabricants congolais face à la concurrence étrangère.

La liberté d'accès à la commande publique et traitement égalitaire des candidats riment avec la transparence de la procédure entreprise.

§3. La transparence

La transparence est généralement assisse sur l'exigence de la publicité qu'accompagne tout processus d'achat public, elle influe sur l'appréciation globale de l'offre et l'attribution du marché.

---

[82] LAJOYE C, *Droit des marchés publics*, Paris, 2ème éd. Gualino, 2008, pp. 120-121.

[83] Art. 61 de la Loi relative aux marchés publics.

Indispensable à la crédibilité du processus, la transparence postule le respect des étapes essentielles de passation et de gestion de la commande ; l'élaboration des projets de passation des marchés publics doit en particulier aboutir à la publication du dossier d'appel d'offres.

A l'issue de l'évaluation des offres, l'autorité contractante s'oblige de demander à la Direction générale de contrôle des marchés publics un avis de non objection sur l'attribution provisoire du marché.

Dans le cadre de la transparence, chaque candidat est autorisé à prendre connaissance des règles, textes sur la commande publique ; il fait un libre usage de tout document qui peut faciliter la compréhension et le contrôle. L'ouverture publique des plis et la publication des résultats permettent un contrôle rigoureux sur l'impossibilité d'attribution personnelle du marché par les candidats[84].

Les soumissionnaires qui participent à la sélection sont sensés trouver dans cette procédure les garanties suffisantes de concurrence grâce à la publicité de l'offre[85].C'est dans ce sens que se justifie l'obligation pour l'administration de porter à la connaissance des entreprises intéressées et même à la population toutes les informations sur les marchés à conclure ou ceux déjà conclus.

En tout état de cause, l'administration est tenue de mettre à la disposition des candidats les éléments d'identité et les coordonnées de la personne publique contractante et celle responsable du marché, les caractéristiques procédurales sur le type de marché choisi et, le cas échéant, la justification du recours à l'urgence, le nom et l'adresse du service auprès

---

[84] Du Décret n°10/22 du 2 juin 2010 portant Manuel des procédures de la Loi relative aux marchés publics.

[85] VUDISA J.-N, *Initiation à la passation des marchés publics en droit congolais*, Pays-Bas, Hapert, 2002, p. 29.

duquel le cahier des charges et les documents complémentaires peuvent être demandés ainsi que la date limite de réception des offres et les critères d'attribution du marché.[86]

Pour servir d'indicateur important dans la direction de la bonne gouvernance, la transparence suppose que soient motivées des décisions sur l'acceptation ou non d'une offre. On fait de fois valoir l'idée de la non communication de tout document se rapportant aux marchés publics, notamment ceux touchant à l'intérêt public et sécuritaire frappés de l'interdiction légale ou ayant trait aux intérêts commerciaux légitimes des entreprises.

Au cas où la communication est autorisée, le marché doit être signé par la personne responsable. Une fois réalisée, la communication couvre l'ensemble des documents (contractuels ou non) à condition qu'ils ne relèvent pas du secret industriel et commercial, ni d'une interdiction légale. La transparence laisse, donc, entendre que l'on pourrait avoir accès à la réalité toute entière de ce qu'exprime la vérité d'une chose sans l'altérer[87].

Le marché public étant une opération commerciale impliquant le prix comme contrepartie des prestations fournies, l'autorité contractante est tenue de payer, conformément aux règles des finances publiques, le prix convenu.

§4. La budgétisation de la commande publique

Le législateur oblige tout candidat au marché public ou à la délégation de service public d'intégrer ses besoins dans

[86] ZWANG H, *Marché public, règles applicables aux entreprises*, Paris, EJA, 2004, p. 29.
[87] LUCAS C, *Droit du marché*, Paris, PUF, 2002, p. 236.

une programmation budgétaire[88] préalablement arrêtée. Il interdit tout engagement des dépenses ou l'ouverture du marché non couvert par les réserves budgétaires.

Dans une disposition réglementaire séparée, la Cellule de gestion des projets et des marchés publics s'assure de la réservation des crédits budgétaires et du financement destinés à couvrir, dans la chaîne des dépenses publiques, le marché public ou délégation de service public envisagé[89].

Sans se soustraire au respect des règles des finances publiques, une catégorie de marchés échappe cependant à la règle de budgétisation préalable : ce sont des marchés dont la passation est commandée par la nécessité des besoins urgents de la communauté.

Ainsi qu'on le voit, la budgétisation de la commande publique renforce l'efficacité des procédures de passation et d'attribution du marché public ou de la délégation de service public envisagée.

§5. L'efficacité des procédures

L'efficacité des procédures de la commande publique est d'une perception diversifiée. Une opinion la rattache à la liberté d'accès à la commande publique, l'égalité des candidats et la transparence des procédures. Son évocation conduirait à s'assurer de la rentabilité de la commande publique et, conséquemment, de la bonne utilisation des deniers publics[90].

---

88 Art. 6 de la Loi relative aux marchés publics.

89 Art. 2 point 12 du Décret n°10/32 du 28 décembre 2010 portant création, organisation et fonctionnement de la cellule de gestion des projets et des marchés publics, *Journal Officiel de la République démocratique du Congo*, numéro du 15 avril 2011, première partie n°8.

90 LAJOYE C, *Droit des marchés publics*, p. 114.

Une autre situe le principe dans une fusion entre la qualité du service à rendre et le prix à payer, justifiant ainsi l'abandon par certaines législations de la technique d'adjudication au profit de l'appel d'offres pour mieux prendre en compte le prix et la qualité du service dans les critères d'attribution du marché[91].

Une troisième insiste sur l'objectif poursuivi, à savoir le renforcement de l'action administrative au profit d'une plus grande efficacité dans le respect des procédures de passation des marchés publics[92].

A l'analyse, on reconnait la valeur de chaque présentation doctrinale qui n'a, toutefois, pas réussi à s'imposer comme exigence commune à toutes les hypothèses d'école. On admet également l'idée de singulariser la démarche en la rattachant au cas par cas ; les principes régissant la commande publique étant pris dans leur globalité pour servir de socle au droit congolais des marchés publics.

S'appliquant cumulativement, la méconnaissance de l'un peut affecter l'appréciation que l'on peut se faire de l'autre au point d'entraîner la nullité, à la demande de toute personne intéressée[93], de la procédure entreprise.

Section 2 : Les règles de la commande publique

D'essence formaliste, le droit des marchés publics est également procédural, il est organisé autour d'un certain nombre de règles que l'on retrouve dans la quasi-totalité de

91 KABEYA MUANA KALALA G, *Passation des marchés publics.* t.1 *Principes, règles, institutions, procédures, pratiques de passation et contentieux*, p. 52.

92 EMERY C, *Passer un marché public. Principes, procédures et contentieux*, p. 87.

93 Art. 8 Décret n°10/22 du 2 juin 2010 portant Manuel des procédures de la Loi relative aux marchés publics.

phases de la commande publique. L'autorité contractante ne dispose d'une aucune marge de liberté d'appréciation.

Préalable à toute commande publique, le marché envisagé doit s'inscrire dans un projet bien identifié et budgétisé, la disponibilité des crédits, ainsi que l'évaluation des opportunités sont exigées. Il importe de s'assurer également de la planification des opérations, du respect de la publicité et de la transparence, ainsi que l'exploration de l'offre économiquement la plus avantageuse[94].

Prévue dans la loi, la procédure exige que soient définis les besoins dont la planification et la programmation dans l'exécution induisent sur l'élaboration du cahier des charges conditionnant le dépôt des dossiers de prestation, l'examen et l'attribution du marché.

§1. La définition des besoins

Préparatoire à tout lancement d'appel à la concurrence, la définition des besoins est faite avec soin et précision ; elle permet de fixer le prix du marché, le mode de passation du contrat, les objectifs à atteindre et, éventuellement, la possibilité d'une sous-traitance et d'allotissement.

L'identification des projets ou l'intégration des besoins dans le cadre d'une programmation budgétaire constitue un des préalables à toute commande publique. Même si la détermination des besoins n'est pas toujours aisée, il est recommandé d'éviter, autant que faire se peut, les dérapages financiers.

On admet que la personne responsable du marché soit à même de déterminer les besoins en tenant compte des objectifs de développement évalués en termes financiers. Une fois établi, le dossier d'appel d'offres doit être approuvé

94 Art.10 de la Loi relative aux marchés publics.

par l'autorité contractante qui signe, en même temps, la fiche d'approbation du dossier d'appel d'offres qu'elle retourne à l'administration initiatrice en vue de lui permettre d'amorcer les différentes étapes de la commande publique.

Lorsque l'autorité contractante éprouve des difficultés pour fixer avec précision les besoins exigés par le marché public, elle est autorisée à recourir à un autre de nature particulièrement distincte de celui à bons de commande[95].

La parade autorise donc l'autorité contractante à couvrir les besoins courants de fournitures dont il n'est pas possible, au début de l'année, de prévoir l'importance exacte, ou bien, qui excédent les possibilités de stockage et qui ne se retrouveraient pas, de ce fait, dans le cahier des charges. Elle s'accommode à la planification et programmation de l'activité envisagée.

§2. La planification et la programmation

La passation des marchés publics ne s'improvise, elle s'inscrit dans un plan dont la réalisation justifie à bien des égards des objectifs que s'assigne une administration publique. Pour peu que l'autorité contractante poursuive la rentabilité de la commande publique, elle doit s'assurer que la procédure suivie est correctement planifiée et programmée.

Dans le domaine des marchés publics, la planification s'appuie sur la définition du chronogramme d'activités à réaliser en tenant bien sûr compte des plans sectoriels de chaque service concerné par l'achat public et des diverses contraintes auxquelles il est astreint.

Dans une approche anticipative et de gestion programmée des demandes d'achat public, la planification

95 Art. 38 de la Loi relative aux marchés publics.

prépare le regroupement des acquisitions avant toute élaboration du dossier d'appel d'offres et, conséquemment, le lancement des consultations.

Préalablement arrêtée, la planification est en principe annuelle et participe à la computation des délais et la fixation des seuils pour chaque type de marché. Elle induit sur la fixation de procédure et délais qui évitent à l'autorité contractante de recourir à des situations d'urgence causées par les dérives non contrôlées du planning systématique. La programmation budgétaire apparaît à cet égard comme un outil indispensable de réduction des aléas dus à l'absence ou insuffisance de planification.

Par la planification et la programmation de la commande publique, l'autorité contractante se dote d'un tableau de suivi des marchés publics, ce qui lui permet de disposer d'une vision sur l'ensemble d'achat public conclu ou autorisé pendant une certaine période.

L'exercice rassure sur la répartition et le suivi par secteur de la commande publique, l'anticipation sur la relance de certains marchés ou leur reconduction éventuelle ainsi que la visualisation des événements importants.

A tout bien considéré, le marché public est un contrat d'adhésion dont les termes de référence se trouvent dans un cahier des charges.

§3. L'établissement du cahier des charges

Document élaboré par l'autorité contractante, le cahier des charges définit les règles de jeu dans le domaine de la commande publique. Il détermine les exigences requises, les méthodes à utiliser, les moyens à mettre en œuvre ainsi que le résultat attendu[96].

Avant l'ouverture de tout marché public, l'autorité contractante rend disponible le cahier des charges reprenant les conditions et notamment le mode de passation, l'objet et le délai, le prix de paiement, ainsi que les dispositions administratives et techniques applicables. Le document constitue en quelque sorte la charte fondamentale dans les relations contractuelles entre la personne publique et son cocontractant.

Selon la législation, il peut être envisagé, à côté du cahier général des charges, celui spécifique pour chaque type de marché. De part et d'autre, il est conseillé de connaitre le vocabulaire utilisé.

Le législateur congolais prévoit, à cet effet, une gamme de notions dont la maîtrise rend aisée la compréhension de l'ensemble du processus. Il s'agit de l'abattement, l'allotissement, l'attribution du marché, l'autorité contractante, l'avenant, l'autorité délégante, le candidat, le cocontractant, la commande publique, la délégation de service public, le dossier d'appel d'offres, la garantie de bonne exécution, la garantie de l'offre, le groupement d'entreprises, le maître d'ouvrage, le maître d'ouvrage délégué, le maître d'œuvre, le marché par participation communautaire, l'offre, l'ouvrage, le projet de régie nécessaire, la soumission ou encore les termes de référence[97].

Pris de commun accord des parties au marché, l'abattement poursuit la réduction de l'offre financière d'une soumission, d'un pourcentage légalement autorisé et contenu dans le cahier des charges. Tout soumissionnaire se trouvant

96 Art. 5 litera 7 de la Loi relative aux marchés publics.

97 Art. 5 de la Loi relative aux marchés publics.

dans les mêmes conditions est ainsi garanti d'être compétitif au marché.

L'allotissement autorise l'émiettement d'un marché public en plusieurs, pouvant eux-mêmes se muer en des contrats distincts, mais soumis aux règles identiques d'achat public.

L'attribution d'un marché est une décision par laquelle l'autorité contractante notifie ledit marché au soumissionnaire dont l'offre est provisoirement retenue en attendant l'approbation définitive.

L'autorité contractante est une personne morale de droit public, privé ou son délégué que la loi charge de définir les projets du secteur relevant de sa responsabilité, de les préparer et d'en planifier suivant la procédure de passation des marchés publics la réalisation, d'en suivre et contrôler l'exécution.

Autorité contractante, celle délégante intervient uniquement dans le cadre de la délégation de service public. Celui-ci est un contrat au terme duquel une personne morale de droit public ou de droit privé, dûment mandatée par une autorité publique compétente, confie la gestion d'un service relevant de sa compétence à un délégataire dont la rémunération est liée ou substantiellement assurée par les résultats de l'exploitation du service.

L'avenant est un acte par lequel les parties à l'accord décident d'apporter les modifications nécessaires en vue de l'adapter aux événements survenus après son approbation.

Le candidat est une personne physique ou morale qui manifeste l'intérêt à participer au marché public. C'est également celle retenue par l'autorité contractante en vue de participer à la procédure conduisant à la passation dudit marché.

La commande publique est un ordre par lequel l'autorité contractante demande l'exécution des travaux, la fourniture des biens et services ou la réalisation des prestations intellectuelles en vue d'assurer la satisfaction de l'intérêt général.

Le dossier d'appel d'offres est constitué d'un ensemble de documents contenant les renseignements nécessaires à l'élaboration de la soumission, l'attribution et l'exécution d'un marché public. Il est ouvert ou restreint, sur concours, national ou international.

La garantie de bonne exécution est une caution financière, bancaire ou personnelle constituée en vue de rassurer l'autorité contractante de la bonne réalisation, d'un point de vue technique et dans le délai, du marché dont on est titulaire.

La garantie de l'offre est un dépôt en espèce ou un cautionnement bancaire fait par le soumissionnaire en vue de garantir sa participation à la concurrence jusqu'à l'approbation du marché.

Le groupement d'entreprises est une union des plusieurs entreprises conjointes ou solidaires ayant souscrit à l'engagement unique et décidé d'être représentées par l'une d'elles en qualité de mandataire commun.

Le maître d'ouvrage est une autorité contractante pour le compte de laquelle l'exécution des travaux ou la fourniture d'équipements est réalisée. Mandataire de maître d'ouvrage, le maître d'ouvrage délégué exerce avec son accord une partie ou la totalité des attributions qui lui sont dévolues.

Le maître d'œuvre est une personne physique ou morale de droit public ou privé chargée par l'autorité contractante d'assurer la représentation et la défense de ses intérêts au moment de la définition, l'élaboration, l'exécution et la réception des prestations, objet du marché.

Le marché à participation communautaire autorise la collaboration des personnes, associations ou bénéficiaires futurs des prestations jouissant de la contribution ou garantie financière de l'État.

L'offre est une proposition comprenant les éléments techniques et financiers inclus dans le dossier de soumission et indispensables à la conclusion d'un marché public.

L'ouvrage est un ensemble de travaux réalisés par le génie civil, mais portant sur la construction, reconstruction, démolition, réparation ou rénovation.

Le projet de régie est constitué de toute initiative qui poursuit la satisfaction d'un besoin au niveau du maître d'ouvrage et qui nécessite l'engagement de fonds publics en vue de l'acquisition des fournitures, l'exécution des travaux ou la réalisation de toute autre prestation.

La régie intéressée est un contrat par lequel l'autorité contractante confie la gestion d'un service public à une personne physique ou morale de droit public ou privé rémunérée par elle. La rémunération est toutefois subordonnée aux résultats d'exploitation du service, aux économies réalisées ainsi qu'aux gains de productivité ou l'amélioration de la qualité du service.

La soumission est un engagement écrit au terme duquel un soumissionnaire fait connaitre ses conditions et s'engage à respecter le cahier des charges applicable.

Les termes de référence sont formés des instructions, orientations et directives contenues dans le cahier des charges.

La loi oblige l'autorité contractante à déterminer, avant toute passation d'un marché public, ses besoins, les sources de financement et solliciter de la direction générale de contrôle des marchés publics un avis de non objection sur son plan de passation des marchés publics.

Une fois obtenu, l'avis de non objection permet l'établissement du cahier des charges définissant, par ailleurs, les exigences requises, les méthodes utilisables, les moyens à mettre en œuvre et les résultats attendus.

Dans le délai requis, le cahier des charges est rendu public par l'autorité contractante. Sa publicité ouvre la voie à la manifestation d'intérêts, la constitution et le dépôt au lieu indiqué des dossiers de prestation.

§4. Le dépôt des dossiers de prestation

La soumission à un marché se traduit par le dépôt auprès de l'autorité contractante de son dossier d'appel d'offres. Constitué d'une enveloppe contenant l'ensemble d'éléments se rapportant au marché ou à la délégation de service public, l'appel d'offres est déposé au service de l'administration expressément désigné pour le recevoir.

Le Décret portant Manuel des procédures de la loi relative aux marchés publics[98] indique les mentions obligatoires de l'enveloppe, les conditions de dépôt et réception des offres. Concrètement, l'enveloppe extérieure contient en son sein deux autres. Elle ne mentionne pas le nom du soumissionnaire, mais plutôt l'identité et l'adresse de l'autorité contractante destinataire de l'offre.

A sa réception par le service compétent, l'offre est enregistrée avec indication précise de l'heure et de la date. Il

98 Art. 91-93.

est, ensuite, remis au candidat ou son délégué un récépissé ou toute autre forme d'accusé de réception[99].

Habituellement, le délai du dépôt des offres s'étend du premier jour de l'examen du dossier spécial des charges et ses annexes au dernier précédant l'ouverture des plis. À son expiration, il est procédé, devant les représentants de l'autorité contractante et des soumissionnaires, à l'ouverture des plis.

Il peut se faire qu'à la fin du délai de réception des dossiers de soumission, une seule offre a dû être enregistrée. L'absence de concurrence n'implique pas forcément l'attribution automatique du marché au seul soumissionnaire.

La commission des marchés publics dispose, en ce cas et bien d'autres, d'énormes moyens internes de contre vérification des éléments proposés dans chaque dossier d'appel d'offres. Elle peut déceler, au besoin, la conformité ou non d'une offre et se prononcer en connaissance de cause. Dans le cas de la non-conformité, elle reprend la procédure pour le même marché.

La séance d'ouverture des plis a habituellement lieu au plus tard une heure après celle limite autorisée pour la remise des offres. Elle permet aux membres de la commission de passation des marchés publics, convoqués cinq jours avant la date d'ouverture des plis, de vérifier la conformité à la loi du montant total de chaque offre proposée, la soumission et le délai de l'exécution du marché.

Il importe de noter que les marchés passés par la demande de cotation (acquisition de tenues, fournitures de bureaux ou en matériel informatique) ne sont pas concernés

---

[99] Art. 92 du Décret n°10/22 du 2 juin 2010 portant Manuel des procédures de la Loi relative aux marchés publics.

par la garantie de soumission et les délais d'exécution connus d'avance.

Présidée par l'autorité contractante ou son délégué, l'ouverture des plis est publique et solennelle, elle se déroule en présence des soumissionnaires ; les personnes ayant retiré le dossier d'appel sans soumissionner peuvent y participer. Elle se termine par la signature du procès-verbal de la séance par les membres de la commission.

Précédée de la signature du registre de réception des plis par l'autorité contractante ou son délégué, la séance se clôture par la désignation du fonctionnaire chargé de rédiger, dans un bref délai, le procès-verbal d'ouverture des plis et le rapport subséquent.

Le droit français autorise qu'à l'issue de la séance d'ouverture des plis, la commission compétente statue toutes affaires cessantes sur les cas d'irrecevabilité par l'élimination de ceux déposés hors délai ou les candidats qui n'ont pas, au vu des critères de sélection, qualité. La commission se voit ainsi revêtue du pouvoir de procéder séance tenante, soit au jugement des offres, soit à la remise des offres aux services techniques compétents[100].

A l'inverse, le législateur congolais organise séparément la séance d'ouverture des plis de celle de l'examen des offres à l'issue de laquelle sera rédigé le procès-verbal d'attribution provisoire du marché ou de la délégation de service public.

Organe technique siégeant au sein de chaque Cellule de gestion des projets et des marchés publics[101], la commission de passation des marchés est composée, en plus du secrétaire permanant, du représentant du service bénéficiaire de

---

100 EMERY C, *Passer un marché public. Principes, procédures et contentieux*, pp. 249 et 252.

101 Art. 12 du Décret n°10/32 du 28 décembre 2010.

l'autorité contractante, du responsable juridique de l'autorité contractante et du responsable des services administratifs et financiers de l'autorité contractante.

Sont également membres, le délégué du service bénéficiaire, le spécialiste du domaine concerné par le marché et celui en passation des marchés publics de la Cellule de gestion des projets et des marchés publics, même s'il n'a pas participé aux activités d'élaboration des dossiers d'appel d'offres ni à celles d'évaluation des offres. Le président de la sous-commission d'analyse y participe sans voix délibérative ; c'est bien lui qui présente le rapport d'évaluation des offres.

La commission se réunit à huit clos, procède à une triple analyse administrative, technique et financière de chaque dossier de soumission et désigne le candidat qui a proposé l'offre la moins onéreuse et les garanties financières les plus crédibles et rassurantes.

Communiquées à l'autorité contractante, ses propositions sont accompagnées de la rédaction et signature avec le candidat retenu du procès-verbal d'attribution provisoire du marché public ou de la délégation de service public.

§5. L'attribution du marché

L'attribution du marché se traduit par la décision de l'autorité compétente annonçant le choix provisoire du titulaire dudit marché. Une fois prise, l'attribution est notifiée au soumissionnaire dont l'offre a été retenue en attendant la décision d'attribution définitive par l'autorité compétente.

Dans le cadre d'un appel d'offres, il peut se faire qu'un ou plusieurs lots ne soient pas attribués ; l'autorité contractante étant obligée d'entamer des nouvelles procédures d'appel en concurrence pour les lots non attribués en modifiant, s'il y a lieu, la consistance ou toute autre solution avalisée par l'établissement public chargé du contrôle a priori des marchés publics[102].

Dans les autres cas, l'attribution est ordonnée sur proposition de la commission chargée de l'examen des dossiers de soumission. Cette décision peut être déférée, dans les cinq jours de sa publication, à l'autorité d'attribution définitive. La décision à intervenir confère au marché public ou à la délégation de service public un caractère définitif et exécutoire[103].

Selon la nature du marché, l'attribution définitive est décidée par le premier ministre, pour tous les marchés conclus à l'issue des appels d'offres internationaux et des marchés conclus par le ministre ayant le budget dans ses attributions ; le ministre du budget, pour tous les marchés conclus à l'issue des appels d'offres nationaux et le ministre de tutelle, pour les marchés conclus par les entreprises et établissements publics à l'issue des appels d'offres nationaux.

Avant toute attribution définitive, le marché public ou la délégation de service public doit faire l'objet d'un contrôle administratif préalable exercé par de l'Autorité de régulation des marchés publics qui délivre, le cas échéant, un avis de non objection.

Une fois obtenu, cet avis consacre l'attribution définitive du marché, l'autorité contractante peut alors signer le contrat avec le titulaire qui en devient cocontractant de l'administration.

Lorsque l'intervention de l'autorité d'attribution définitive est couverte par une ou plusieurs objections, la procédure est clôturée et l'appel d'offres sensé n'avoir pas été ouvert à

---

102 Art. 18, al. 2 de la Loi relative aux marchés publics.

103 Art. 2 al. 2 du Décret n° 10/33 du 28 décembre 2010.

l'endroit du candidat non retenu. Ce dernier dispose, toute fois, du droit de se pourvoir devant le juge administratif contre la décision d'attribution définitive du marché public ou de la délégation de service public.

CHAPITRE III

LA PASSATION ET L'EXÉCUTION DES MARCHÉS PUBLICS

En attendant l'approbation de l'autorité compétente, le marché public est conclu avec l'autorité contractante qui en contrôle l'exécution. En raison des enjeux auxquels elle est confrontée, la gestion des marchés publics exige du législateur une protection particulière. Il importe de s'assurer de la connaissance des règles qui régissent la passation et l'exécution de la commande publique.

Section 1 : La passation des marchés publics

L'exercice par l'administration de son pouvoir des négoces, ne lui confère pas toujours la totale liberté de passer un contrat comme le feraient les particuliers dans leurs relations privées fondées, par ailleurs, sur l'autonomie de la volonté.

Dans le domaine de la commande publique, l'administration peut recourir à l'un ou l'autre mode prévu par la loi, ses conditions générales et, éventuellement, spécifiques. Le législateur organise à ce sujet l'appel d'offres et, exceptionnellement, la technique de gré à gré.

§1. Les marchés par appel d'offres

Mieux définir l'appel d'offres rend aisée l'étude de ses marques et procédures, avantages et inconvénients.

A. La définition d'appel d'offres

L'appel d'offres est une procédure par laquelle l'autorité contractante choisit, sans négociation préalable avec les candidats, l'offre économiquement la plus avantageuse[104], évaluée, par ailleurs, sur la base des critères objectifs préalablement portés à la connaissance des candidats et exprimés en termes monétaires[105]. Il induit sur l'avis d'appel à la concurrence duquel la commission d'analyse est appelée à retenir, après classement des critères, le candidat ayant proposé l'offre économiquement la plus avantageuse.

Dans l'appréciation des offres en présence, le législateur insiste sur le prix, le délai d'exécution, le coût de fonctionnement des matériels ou infrastructures proposées, le service après-vente, les conditions et le calendrier de paiement, la garantie de la durée de vie ainsi que l'impact environnemental et l'utilisation plus au moins accrue des compétences nationales[106].

L'autorité contractante veillera principalement sur le prix, la valeur technique, les garanties professionnelles et financières des candidats et les délais d'exécution du marché ou de la délégation de service public.

Technique par excellence de l'achat public, l'appel d'offres donne à l'autorité contractante la possibilité de lancer une invitation à candidatures en vue de recevoir diverses offres desquelles, elle choisit librement celle jugée la plus intéressante.

L'appel d'offres est un mécanisme légal de passation des marchés publics qui se présente comme un indicateur d'évaluation par l'autorité contractante des différentes propositions des candidats en compétition.

---

104 Art. 17 de la Loi relative aux marchés publics.
105 Art. 20 de la loi relative aux marchés publics.
106 Art. 23 de la loi relatives aux marchés publics.

B. Les différentes marques d'appel d'offres

Se manifestant de plusieurs manières, l'appel d'offres est ouvert, restreint, sur concours, de couverture nationale ou internationale.

1. L'appel d'offres ouvert

L'appel d'offres est ouvert lorsque l'engagement à la commande publique est, du point de vue du nombre des soumissionnaires, illimité. Toute personne intéressée a la possibilité de présenter son offre[107].

La procédure étant par principe ouverte, la commission compétente pourrait être rapidement débordée par le nombre illimité de candidatures, surtout si le secteur économique visé est convoité par une multitude d'opérateurs économiques aux compétences concurrentes et variées. Dans ce cadre, le choix de l'offre économiquement la plus avantageuse doit tenir compte d'une gamme de critères liés à la qualification des candidats et l'évaluation des propositions.

S'agissant de la qualification des candidats, la commission s'assurera de la situation juridique de chaque prestataire, de sa capacité professionnelle, technique et financière du candidat ainsi que ses références. Elle veillera à ce que dans le dossier de soumission, il ne soit révélé ou signalé le cas de disqualification ou de condamnation de l'entreprise ou de ses dirigeants en rapport avec leur activité professionnelle ou la passation des marchés publics.

La commission sera attentive au civisme fiscal du prestataire tenu, par ailleurs, de préciser la norme de qualité éventuelle sous laquelle il est inscrit. Dans ce cadre justement, l'offre économiquement la plus avantageuse s'apprécie en tenant compte du prix proposé, du délai

---

107 Art. 22 de la Loi relative aux marchés publics.

d'exécution convenu, du coût des matériels ou infrastructures proposées, du service après-vente, des conditions ainsi que du calendrier de paiement, la garantie de la durée de vie, l'impact environnemental et l'utilisation plus ou moins accrue des compétences nationales[108].

De portée internationale ou nationale, l'appel d'offres ouvert peut ou non être accompagné de la pré-qualification ou de concours. Avec pré-qualification, l'appel d'offres ouvert élimine, après un tri préalable, les candidats qui n'ont pas prouvé ni offert de prouver leurs capacités à exécuter de manière satisfaisante le marché convoité. Celui-ci doit consister en la réalisation de travaux, la livraison de fournitures revêtant une importance et/ou une complexité particulière, ou l'exécution de prestations de services spécialisés.

L'appel d'offres avec concours intervient lorsque les motifs d'ordre technique, esthétique, environnemental ou financier auxquels se rapporte le marché exigent qu'il soit procédé à une présélection portée notamment sur la conception d'œuvres ou projet architectural.

L'autorité contractante est, dans ce cas, tenue d'établir un programme indiquant clairement les besoins auxquels doit répondre la prestation et fixer, le cas échéant, le maximum de la dépense prévue pour l'exécution du budget. La technique s'effectue selon la procédure d'appel d'offres ouvert ou restreint[109].

2. L'appel d'offres restreint

L'appel d'offres restreint est celui par lequel, seuls peuvent concourir, les candidats consultés par l'autorité

---

108 Art.23 de la Loi relative aux marchés publics.
109 Art. 27 de la Loi relative aux marchés publics.

contractante. Le nombre limité des soumissionnaires et leur qualité assurent une concurrence réelle.

Le recours à cette technique répond fondamentalement aux exigences qualitative et quantitative. Sur le plan qualitatif, les capacités techniques attendues doivent être suffisamment répandues sur le marché, pour que tout candidat soit à même de présenter son offre. Dans cette hypothèse, il n'y a évidemment pas raison de procéder à la présélection qui suppose la définition de l'appel d'offres restreint. Sur le plan quantitatif, l'appel d'offres n'est envisageable que si le nombre de candidats n'est pas trop élevé.

On admet l'appel d'offres restreint que lorsque les biens, travaux ou services à réaliser ne sont disponibles, en raison de leur spécialité, qu'auprès d'un nombre relativement limité de fournisseurs, entrepreneurs ou prestataires de services. Il doit s'agir donc des besoins urgents, imprévisibles et étrangers aux prévisions initiales arrêtées par l'autorité contractante ou des marchés abandonnés par un titulaire défaillant et qui nécessitent une continuité.

Le choix de l'appel d'offres restreint s'impose également, lorsque le nombre de candidats susceptibles d'y répondre est trop important pour que le choix de celle présentant les avantages économiques se fasse dans des bonnes conditions.

Dans l'une ou l'autre hypothèse, les candidats potentiels sont invités à la concurrence tant et si bien que l'appel d'offres restreint est obligatoirement motivé et soumis à l'autorisation préalable du service chargé du contrôle des marchés publics. La technique peut couvrir une concurrence nationale ou internationale, de même qu'elle peut se réaliser avec ou sans concours.

3. L'appel d'offres sur concours

L'appel d'offres sur concours autorise la personne publique à choisir, après la mise en concurrence et l'avis du jury, un plan ou un projet, notamment dans le domaine de l'aménagement du territoire, de l'urbanisme, de l'architecture, du traitement de données avant l'attribution du marché.

On n'y recourt que lorsque les motifs d'ordre technique, esthétique, environnemental ou financier justifient des recherches particulières[110] ; le concours n'étant réservé qu'aux seules prestations de service notamment, intellectuelles. Il peut s'agir dans ce cas de l'élaboration d'une maquette, des dessins nécessaires à la réalisation d'un projet.

Dans la pratique, le concours envisagé peut être restreint ou ouvert, mais en vue de rendre les marchés publics plus efficients, la loi institue l'appel d'offres comme technique principale en la matière.

Ouvert ou pas, l'appel d'offres peut, suivant les seuils déterminés par l'acte réglementaire du premier ministre[111], couvrir une dimension nationale ou internationale

4. L'appel d'offres national

L'appel d'offres national concerne uniquement les prestations réalisées par les entreprises congolaises ; la valeur du marché étant l'indicateur déterminant le choix de cette technique. Le Décret n°10/34 du 28 décembre 2010 fixant les seuils de passation, de contrôle et d'approbation des

---

[110] Art. 27 de la Loi relative aux marchés publics.

[111] Notamment les articles 11 et 12 du Décret n°10/34 du 28 décembre 2010 fixant les seuils de passation, de contrôle et d'approbation des marchés publics.

marchés publics[112] indique le montant des marchés qui peut justifier le recours à cette technique de passation des marchés publics ou des délégations de service public.

Sont concernés, l'appel d'offres national, les marchés de travaux, fournitures et services courants dont la valeur est supérieure ou égale à cinquante millions de francs congolais et les marchés de prestations intellectuelles de même valeur, voire des délégations de service public dont la valeur est supérieure ou égale à vingt millions de francs congolais.

En ce qui concerne une catégorie particulière des marchés pouvant nécessiter des sommes dont seules les entreprises nationales ne peuvent faire face, la loi prévoit le recours aux opérateurs économiques étrangers.

5. L'appel d'offres international.

En l'absence d'une définition explicite de la loi, on retient que l'appel d'offres international est un contrat dans lequel l'accès est ouvert aux entreprises nationales et étrangères. En cas de concurrence entre les deux catégories d'entreprises sur la qualité et la capacité de l'offre, la préférence est accordée aux entreprises nationales[113].

Fixé par décret du premier ministre, le montant du marché reste tout de même l'indicateur déterminant. Ne sont ainsi concernés que les marchés de travaux de valeur supérieure ou égale à huit milliards de francs congolais, ceux de fournitures de biens ou de services courants de valeur supérieure ou égale à cinq cent millions de francs congolais et les marchés de prestations intellectuelles et les délégations

---

112 Art. 11 du même Décret.

113 Art. 37 de la Loi n°10/010 du 27 avril 2010 relative aux marchés publics.

de service public dont la valeur est supérieure ou égale à deux cent cinquante millions de francs congolais[114].

C. La procédure applicable à l'appel d'offres

Chaque dossier d'appel d'offres est, avant toute attribution du marché, soumis à la mise en concurrence des prestataires et la négociation du montant de prestation. N'étant pas toujours libre de choisir l'entrepreneur à même de réaliser un besoin d'intérêt général, l'autorité contractante est donc tenue de se conformer aux règles des marchés publics exigeant que soit pris en compte l'appel d'offres comme mode par excellence de passation de marché.

On insistera sur le respect des règles établies sur la publicité, la mise en concurrence de prestataires, le traitement des offres et l'attribution proprement dite du marché.

1. La publicité et la mise en concurrence des prestataires

Elément capital dans l'appréciation du degré de transparence de la commande publique, la publicité vise à fournir le maximum d'informations aux entrepreneurs intéressés en vue d'assurer leur réelle et effective participation. La loi exige, à ce sujet, une publicité obligatoire pour tout marché dont le montant est égal ou supérieur au seuil réglementaire, la violation de cette règle entrainant la nullité de la procédure entreprise[115].

La publicité et la mise en concurrence des offres imposent à l'autorité contractante le devoir d'assurer à chaque candidat la liberté d'accès à la commande publique, le

---

114 Art. 12 du Décret fixant les seuils de passation des marchés publics.

115 Art. 88 du Décret n°10/22 du 2 juin 2010 portant Manuel des procédures de la Loi relative aux marchés publics.

traitement égalitaire, la transparence et l'efficacité de la procédure, ainsi que la garantie de bonne utilisation de deniers publics.

La publicité et la mise en concurrence ne sont pas de portée absolue ; elles ne couvrent pas les marchés spéciaux portant sur l'acquisition des équipements, des fournitures et les prestations de toute nature strictement liées à la défense nationale, à la sécurité et aux intérêts stratégiques de l'Etat[116].

Les marchés des travaux dont le montant est inférieur au seuil réglementaire, notamment celui de cinquante millions de francs congolais pour les marchés des travaux, fournitures et services courants et vingt millions de francs congolais pour les prestations intellectuelles et délégation de service public[117]ne sont pas soumis à la mise en concurrence de prestataires, même si leur attribution obéit à l'exigence d'une publication préalable[118].

2. Le traitement des offres

Après le dépôt des dossiers de prestation et l'ouverture de plis, la Cellule de gestion des projets et des marchés publics procède à l'évaluation des offres et leur classement conformément à la loi et critères définis dans le dossier d'appel d'offres[119].

Confidentielle, la procédure n'exclut pas totalement le contact entre les soumissionnaires et l'autorité contractante portant uniquement sur une demande d'éclaircissement en rapport avec la démarche entreprise. Le président de la

---

116 Art. 45 de la Loi relative aux marchés publics.

117 Art. 8 du Décret fixant les seuils de passation des marchés publics.

118 Art. 87 du Décret n°10/22 du 2 juin 2010 portant Manuel des procédures de la Loi relative aux marchés publics.

119 Art. 16 du Décret n°10/32 du 28 décembre 2010 portant création, organisation et fonctionnement de la Cellule de gestion des projets et des marchés publics.

commission de passation des marchés peut demander, sur proposition de la sous-commission d'analyse, aux soumissionnaires des éclaircissements nécessaires sur leurs offres[120]. Cette demande ne vise nullement la modification des éléments essentiels de l'offre.

L'appréciation des offres se fait par la vérification de leur conformité et l'évaluation de leur contenu.

2.1. La vérification de la conformité des offres

La vérification de conformité consiste à l'examen, en vue du maintien ou non de l'offre, des conditions liées à la qualification administrative, technique et financière du soumissionnaire. La demande qui ne remplit pas les conditions de conformité est donc écartée, et le candidat notifié dans le délai de sept jours, calendrier à compter de l'ouverture des plis, du motif du rejet de son offre[121].

Le Décret portant Manuel des procédures de la loi relative aux marchés publics énumère les causes pouvant conduire au rejet de l'offre. Il s'agit notamment de la soumission non signée par la personne habilitée, l'omission du prix, l'absence de garantie de bonne exécution.

La commission peut également se trouver devant des cas où toutes les soumissions sont jugées infructueuses ou non conformes aux critères de qualification. Dans ce cas, une solution applicable en droit français peut servir de référence. Elle consiste au lancement d'un nouvel appel d'offres ou, si les conditions initiales du marché n'ont pas

---

120 Art. 18 du Décret n° 10/32 du 28 décembre 2010 portant création, organisation et fonctionnement de la cellule de gestion des projets et des marchés publics.

121 Art. 97 du Décret n° 10/22 du 2 juin 2010 portant Manuel des procédures de la Loi relative aux marchés publics.

substantiellement changé, une marge négociée sans publicité et mise en concurrence préalable est autorisée.

2.2. L'évaluation du contenu de l'offre

La procédure d'évaluation des critères du choix de l'offre économiquement la plus avantageuse est soigneusement organisée et l'attribution du marché subordonnée à la détermination du montant de l'offre réalisée sur la base des critères objectifs, vérifiables et quantifiables en termes monétaires.

On admet que l'offre économiquement la plus avantageuse soit celle qui satisfasse le mieux aux critères de qualification prédéfinis par l'autorité contractante ; le choix ayant été notamment guidé par les atouts économiques, les performances financières et techniques de l'entrepreneur susceptibles de permettre à l'autorité contractante de réaliser de gains nécessaires.

Il faut donc considérer le caractère limitatif des critères retenus pour inférer qu'en vue de l'attribution du marché, la sous-commission d'analyse se doit de fonder son appréciation sur divers critères, notamment le prix offert, le coût d'utilisation, la rentabilité, la valeur technique, le service après-vente, le coût de l'assistance technique, le délai d'exécution et le calendrier de paiement.

A chaque critère énuméré, la commission doit donner une note technique ou financière ; l'ensemble de notes permettant de dégager la moyenne pouvant déterminer l'offre économiquement la plus avantageuse.

En fonction de l'objet du marché, d'autres critères d'appréciation peuvent s'ajouter, mais ceux repris dans la loi méritent tout de même une explication. Il s'agit de la fixation du prix, du délai d'exécution du marché et de l'utilisation de compétences nationales.

La fixation du prix est capitale dans la détermination de l'offre économiquement la plus avantageuse ; le soumissionnaire étant libre de fixer le prix à partir duquel l'autorité contractante retient, après comparaison avec d'autres, l'offre qui lui paraît avantageuse.

Le prix étant l'élément consubstantiel de l'offre, il n'est pas recommandé d'ignorer l'impact dans l'appréciation de l'offre économiquement la plus avantageuse. Rares sont, en effet, les cas où l'objet du marché ne permet pas de retenir ce critère.

Le délai d'exécution du marché est traduit par l'ancrage du chronogramme des travaux ou la fourniture des biens et services. Certains marchés conditionnent d'ailleurs le fonctionnement de service public ou la satisfaction des besoins à la rapidité dans l'exécution des tâches. Le marché relatif à la gestion des catastrophes naturelles en constitue une belle illustration.

La loi ne définit pas l'utilisation de compétences nationales. Elle justifie le recours au critère qui porte atteinte à l'égalité des soumissionnaires par la création des emplois en faveur des nationaux et l'amélioration de leurs conditions sociales. C'est un critère qui poursuit essentiellement un objectif social et économique.

Il est donc sage de se rapprocher du législateur pour s'assurer de sa volonté d'obliger l'autorité contractante à accorder, dans l'examen des dossiers de soumission, une préférence aux groupements d'entreprises qui associent les firmes congolaises ou prévoient la sous-traitance des entrepreneurs nationaux.

C'est dans ce cadre qu'il est prévu un abattement lequel ne peut excéder cinq pour cent[122]du marché. Il importe

---

[122] Art. 61 de la Loi relative aux marchés publics.

d'avoir toujours à l'esprit que la préférence nationale ne prétend nullement à une généralisation, elle doit être indiquée et quantifiée, au cas par cas, dans le dossier d'appel d'offres[123].

L'utilisation de l'adverbe « notamment » dans l'énumération des critères d'appréciation des offres concurrentielles induit sur la volonté du législateur de privilégier leur caractère non limitatif, d'autres pouvant toujours servir de repères par la commission d'analyse des offres.

Cette liberté d'appréciation ne saurait, de toute évidence, pas être absolue ; elle est encadrée et, par conséquent, bornée. Pour s'assurer de l'offre économiquement la plus avantageuse, l'autorité contractante gagnerait en s'appuyant sur la pondération des critères et être guidée par la transparence et la publicité de la procédure précédant l'attribution proprement dite du marché. Elle s'assurera que ces critères ont un rapport direct avec l'objet du marché.

Le choix d'un critère unique dans la définition de l'offre économiquement la plus avantageuse doit demeurer une exception au recours à la pluralité des moyens d'appréciation qui constitue la règle. En cas de pluralité de critères, il est conseillé de porter la préférence à ceux énumérés par la loi[124]. On évitera, autant que faire se peut, de rendre discriminatoires les critères d'évaluation des offres et, conséquemment, ceux d'attribution du marché, même si, en cas d'absence de satisfaction par tous les soumissionnaires, l'autorité contractante est fondée de procéder à la technique de gré à gré.

---

123 Art. 37 al. 3 de la Loi relative aux marchés publics.
124 Art. 23 de la Loi relative aux marchés publics.

En vue de permettre l'attribution objective du marché, la commission s'assurera que les critères de qualification sont clairs, simplifiés et rattachés avec l'objet dudit marché.

3. L'attribution proprement dite du marché.

Dans la perspective de l'attribution du marché, l'autorité contractante se doit de tenir compte de l'offre répondant le mieux aux critères prédéterminés et publiés dans le dossier d'appel d'offres. Il s'agit de l'offre qui a obtenu la meilleure note au regard des critères retenus.

La consistance de l'offre retenue dépend donc des critères d'attribution du marché et découle de la procédure préalablement arrêtée.

3.1. Le choix de l'offre économiquement la plus avantageuse

Dans le domaine des marchés publics ou de la délégation de service public, la détermination de l'offre économiquement la plus avantageuse résulte d'un exercice laborieux combinant la hiérarchisation à la pondération des critères d'attribution.

a. La hiérarchisation des critères

Pour une meilleure qualification de l'offre la plus avantageuse, on conseille de procéder à la classification des critères par leur ordre d'importance. Si l'exercice est en principe connu à l'avance, il n'en est pas autant pour le poids précis de chaque critère.

Classée par ordre de valeur attaché à chaque critère, la hiérarchisation n'est pas à priori chiffrée. Dans un marché des travaux, on admet que le lancement d'un appel d'offres portera plus sur le critère temporel que tout autre préalablement établi.

En dépit de ses mérites, la technique comporte quelques faiblesses. Elle autorise le choix de l'offre à partir du premier ouvrant ainsi la possibilité d'attribution du marché sur le seul baromètre à la base d'une insécurité juridique.

La hiérarchisation des critères ne permet pas non plus de dégager avec précision l'offre économiquement la plus avantageuse, le marché étant attribué au soumissionnaire ayant présenté l'offre la plus intéressante.

Dans la pratique, la hiérarchisation s'accompagne de l'appréciation sur le poids respectif de chaque critère ; ce qui induit sur leur pondération, étape indispensable à une évaluation chiffrée de chaque critère.

b. La pondération des critères

Par pondération, la commission d'analyse classe et évalue, suivant l'importance et le poids précis, chaque critère au moyen d'un coefficient ou pourcentage chiffré. Par rapport à la hiérarchisation, la pondération débute par le classement par ordre d'importance des critères d'appréciation au regard de l'objet du marché pour se solder par l'attribution d'une note chiffrée à chaque critère.

Ainsi qu'on le voit, la pondération participe à la transparence dans l'attribution du marché, chaque candidat connaissant sa position par rapport au critère dans l'évaluation de son offre.

L'objectivité de la pondération est, toutefois, subordonnée à la prise en compte des besoins de l'administration, faute de quoi, l'attribution des notes risque d'être fantaisiste et source de favoritisme.

Le tribunal administratif de Paris a, sur pied d'une pondération inférieure à quinze pour cent[125] appliquée dans l'attribution du marché, annulé la procédure passée par le ministère de l'immigration en rapport avec le marché sur l'information des étrangers gardés au Centre de rétention sur leurs droits. La juridiction a critiqué le fait que le critère d'attribution lié à la qualification juridique s'était vu accorder une pondération dominante.

L'absence de publicité des critères, leur pondération et la mise en œuvre vicient la procédure d'attribution du marché. Le critère dont la pondération s'écarte sensiblement des besoins du marché et du résultat attendu est également susceptible de constituer un motif de censure de la procédure entreprise.

3.2. La procédure d'attribution du marché

L'évaluation des offres qui précède l'attribution du marché permet à la sous-commission compétente d'établir son rapport d'analyse à l'intention de la commission de passation des marchés d'émettre sa proposition d'attribution provisoire.

a. L'établissement du rapport d'analyse

Le rapport de la sous-commission d'analyse des offres est présenté à la commission de passation des marchés qui, le cas échéant, émet sa décision d'attribution provisoire du marché sept jours à compter de la réception dudit rapport. Les propositions d'attribution provisoire du marché sont transmises à l'autorité contractante qui doit obligatoirement demander l'avis de non objection de la Direction générale de contrôle des marchés publics.

---

125 LAJOYE C, *Droit des marchés publics,* p. 206.

b. La demande de l'avis de non objection et l'attribution provisoire du marché

L'attribution provisoire du marché n'est en réalité qu'une proposition en attendant la confirmation décidée par l'avis de non objection de la Direction générale de contrôle des marchés publics.

Conformément à la législation en la matière[126], le responsable des marchés publics adresse à l'autorité compétente et en fonction de seuils exigés une demande de non objection sur les attributions provisoires qu'elle a accordées.

Ainsi introduite, cette demande peut être ou non agréée. En cas d'objection, le marché est sensé n'avoir pas été attribué, même provisoirement, et l'autorité contractante obligée de refaire la procédure. Obligatoirement motivée, l'objection est retournée avec l'ensemble du dossier à l'autorité contractante.

Lorsque l'intervention de la Direction générale de contrôle des marchés publics se solde par un avis de non objection, elle émet l'avis d'attribution provisoire qu'elle transmet à L'Autorité de régulation des marchés publics pour publication[127].

Communiqué aux candidats non retenus, l'avis d'attribution provisoire indique les motifs du rejet des offres. Dans les cinq jours ouvrables à compter du jour de la publication de la décision de rejet, les candidats lésés peuvent la contester devant l'autorité d'attribution définitive du marché ; ce recours suspendant la procédure d'attribution définitive.

---

126 Art. 103.

127 Art. 104 al. 1er du Décret n°10/22 du 2 juin 2010 portant Manuel des procédures de la Loi relative aux marchés publics.

En cas de non contestation de la décision d'attribution du marché, celui-ci est conclu et sa mise au point autorisée.

c. La mise au point du marché

Bien que proche de l'adjudication, la mise au point du marché s'en démarque. Tirée de l'appel d'offres, elle n'autorise pas, comme l'adjudication, les négociations entre l'attributaire et l'autorité adjudicative au moment de la notification de la décision d'attribution du marché.

Le législateur congolais reconnait la mise au point de certains aspects du marché. Sans aucune généralisation, la technique est soigneusement réglementée, elle n'est pas libre d'appréciation. On admet que la mise au point soit évoquée à l'égard des marchés dont les clarifications sont demandées par les candidats ou les modifications apportées par la personne responsable des marchés publics. La rectification des erreurs matérielles et le besoin d'adapter le marché à la variante proposée par l'attributaire le justifie également à condition que la proposition de la variante soit autorisée[128].

Les transformations apportées dans le cadre de la mise au point ne peuvent avoir comme finalité d'entraîner la modification substantielle des composantes et notamment financières du marché. La mise au point interdit également de remettre en cause l'évaluation des offres et le classement des candidats ni chercher à adapter l'offre aux besoins, tels que formulés dans le dossier d'appel d'offres.

Faite par écrit, la mise au point est sanctionnée par un procès-verbal porté à la connaissance de l'attributaire du marché qui, le cas échéant, appose sa signature sur

---

128 Art. 101 du Décret n°10/22 du 2 juin 2010 portant Manuel des procédures de la Loi relative aux marchés publics.

l'ensemble du contrat[129]. Le document servira pour l'avenir de pièce du contrat.

d. La signature du contrat

La mise au point faite, le contrat est signé entre l'attributaire du marché et l'autorité contractante. Ainsi, se traduit la volonté des parties à être liées par les stipulations contractuelles.

Bien que signé, le marché n'est exécutoire qu'après son approbation par l'autorité compétente.

e. L'approbation du marché

Une fois réalisée, l'approbation confère au marché un caractère définitif, exigible et exécutoire. Elle poursuit la disponibilité de crédits budgétaires ou du financement affecté au marché ou à la délégation de service public. L'indisponibilité des crédits budgétaires et l'insuffisance du financement capable de couvrir le marché ou la délégation de service public sont autant d'indicateurs qui justifient le refus d'approuver un marché public ou une délégation de service public.

Prise à la légère, la décision d'attribution du marché peut engager la responsabilité civile de l'autorité contractante. Une fois retenue, cette responsabilité peut ou non s'accompagner de la demande en réparation du préjudice subi, si les agissements de l'administration ont volontairement retardé l'approbation du contrat.

A tout bien considéré et après avoir signé le marché, l'autorité contractante le soumet, selon les seuils retenus, à l'approbation de l'autorité compétente. L'avis favorable de la

---

129 Art. 102 du Décret n°10/22 du 2 juin 2010 portant Manuel des procédures de la Loi relative aux marchés publics.

Direction générale de contrôle des marchés publics est, à cet égard, requis.

Une fois obtenu, l'avis accompagne, dans le délai de validité des offres, le contrat en direction de l'autorité compétente appelée à se prononcer dans les dix jours de sa saisine. Son silence équivaut à l'acceptation du marché ou de la délégation de service public.

Notifiée dans les trois jours qui suivent sa signature, l'approbation du marché ou de la délégation du service public confère au bénéficiaire la qualité de titulaire qui peut la produire comme garantie d'exécution de ses obligations contractuelles.

f. La garantie de bonne exécution

En plus de la garantie d'offre qui couvre les risques susceptibles de se produire à la réception des propositions non sérieuses, celle de bonne exécution protège l'autorité contractante du risque d'exécution incomplète du marché par le titulaire.

De la définition de la garantie de bonne exécution, il est possible d'en dégager les principes et modalités d'application.

1. La notion de bonne exécution

La garantie de bonne exécution est d'une sûreté qui assure le respect par le titulaire du marché ou de la délégation de service public l'exécution parfaite, correcte et complète de ses obligations contractuelles. Elle protège la personne publique contractante des mauvaises exécutions du marché, de la non-restitution de trop-perçus financiers et plus globalement des risques de non-paiement des sommes dont celle-ci serait débitrice de l'exécution du marché.

Organisée, la garantie de bonne exécution comporte un certain nombre de principes.

2. Les principes de bonne exécution

Le droit congolais des marchés publics exige que la garantie de bonne exécution soit couverte par un certain nombre de principes.

A l'exception du titulaire du marché de prestations intellectuelles, tout autre doit fournir une garantie de bonne exécution. À défaut de le faire dans les vingt jours suivant la notification du contrat, le marché est résilié sur simple notification et la garantie d'offres saisie.

Le modèle et la hauteur de la garantie doivent être évalués à cinq pour cent du marché tel que fixé dans le dossier d'appel d'offres.

Dans sa réglementation, la garantie de bonne exécution est d'application modulée.

3. Les modalités d'application

Le Décret n°10/22 du 2 juin 2010 portant Manuel des procédures de la Loi relative aux marchés publics reconnait trois types de garantie de bonne exécution, à savoir le cautionnement, la garantie bancaire à la première demande et la caution personnelle et solidaire.[130]

3. 1. Le cautionnement

Le cautionnement est un dépôt de fonds ou de valeurs destinés à garantir une créance certaine. Il est constitué des espèces, valeurs ou objets remis entre les mains d'une tierce personne à charge pour elle de les remettre au bénéficiaire.

---

[130] Art. 176 du Décret n°10/22 du 2 juin 2010.

Dans le cadre du marché public ou de la délégation de service public, le titulaire est tenu de remettre, à titre de cautionnement, une somme d'argent pour garantir sa correcte exécution[131]. La validité d'un tel engament est soumise aux conditions restrictives.

Réalisé au nom et pour le compte de l'autorité contractante au titre de procédure d'appel à la concurrence, le cautionnement est requis en numéraire ou en chèque bancaire. Les sommes consignées doivent l'être dans un compte ouvert auprès du trésor public ; la conservation faite entre les mains de l'autorité contractante étant interdite.

3. 2. La garantie bancaire à la première demande

La garantie bancaire à la première demande est une caution conventionnelle renforcée, souscrite par l'entreprise titulaire du marché au profit de la personne publique et en vertu de laquelle l'organisme bancaire garant doit payer aussitôt qu'il en est sollicité.

Le garant, généralement une banque, s'engage envers l'autorité contractante à lui verser sans condition la somme d'argent consignée. Il est tenu de s'exécuter à la première réquisition de l'autorité contractante sans s'assurer au préalable que le titulaire du marché a ou non respecté ses obligations contractuelles.

Etablie selon le modèle prévu par le dossier d'appel d'offres, cette technique est autonome et indépendante du contrat de base. Elle engage le garant à s'exécuter à la seule demande du titulaire du marché, donneur d'ordre.

---

[131] Art. 177 du Décret n°10/22 du 2 juin 2010.

3. 3. La caution personnelle et solidaire

A la différence du cautionnement constitué d'une somme d'argent, la caution est une personne physique ou morale. Identifiée sous la forme d'une banque ou un organisme, la caution s'engage vis-à-vis de l'autorité contractante à lui payer les sommes que lui doit normalement l'attributaire ou le titulaire du marché, au cas où ce dernier ne le fait pas lui-même.

La procédure de caution évite ainsi le paiement automatique de la somme exigée et ouvre la voie à la possibilité de soulever les exceptions ou de demander des justifications à la base de l'événement ayant entraîné l'appel à la caution.

Lorsqu'elle est sollicitée par l'autorité contractante comme garantie, la caution retarde le paiement jusqu'à la production éventuelle d'une preuve contraire et, au besoin, de la décision judiciaire attendue. La banque qui se porte caution doit être agréée par le ministère ayant les finances dans ses attributions.

L'analyse des différentes garanties incite à reconnaitre une préférence à l'égard de celle ayant trait à la première demande.

D. Les avantages de l'appel d'offres

Pratique courante dans le domaine de passation des marchés publics ou des délégations de service public, l'appel d'offres présente un certain nombre d'avantages. À son crédit, on relève la facilité d'attribuer le marché sur la base de ses critères objectifs. La procédure offrirait un cadre approprié de conformité aux principes directeurs en matière de passation des marchés publics et notamment la liberté d'accès à la commande publique et l'égalité de traitement des soumissionnaires.

Dans la perspective du contrôle des contrats passés par l'administration publique, la technique consolide la concurrence, incite à la performance et au renforcement de capacités des ressources humaines. C'est un instrument indispensable dans l'élaboration des politiques de développement durable et de lutte contre la pauvreté et le chômage.

En dépit de ses mérites, l'appel d'offres n'est pas exempt des contraintes que lui imposent régulièrement l'environnement de passation des marchés publics et les délégations de service public.

E. Les limites de l'appel d'offres

Le recours à la technique d'appel d'offres ne présente pas que des avantages, il comporte, en plus, des inconvénients découlant de l'imperfection des règles qui l'établissent. On sous-estime, en effet, sa capacité à assurer une efficace et rationnelle égalité des entreprises en compétition, celles de grande taille pouvant se payer le luxe d'étouffer les autres.

La taille du contrat et sa durée pouvant négativement impacter sur la place des petites et moyennes entreprises, certains pays comme la France et les États-Unis d'Amérique se sont résolus de leur accorder un quota particulier en vue de booster l'économie nationale.

Le besoin d'inciter à la création et la promotion des petites et moyennes entreprises a conduit le législateur congolais à s'inspirer des modèles américain et français pour permettre à cette catégorie d'entreprises de concourir, même à la technique de gré à gré, à la commande publique.

§2. Le marché de gré à gré

Le marché de gré à gré est passé sans appel d'offres. Il est soumis à l'autorisation spéciale et préalable du service compétent.

A. La définition

Marché par attente, celui de gré à gré donne la possibilité aux parties de concerter ou de se consulter mutuellement.

Dérogeant à la procédure d'appel à la concurrence, ce marché ne peut être conclu que sous certaines conditions, le motif devant être juste et justifié par l'urgence, le caractère imprévisible de l'événement ou la circonstance qui en est le détonateur.

B. L'autorisation de la Direction générale de contrôle des marchés publics

Pour leur conclusion, les marchés de gré à gré sont soumis à l'autorisation spéciale et préalable de la Direction générale de contrôle des marchés publics[132]. Le législateur énumère limitativement les cas pour lesquels ces contrats sont autorisés[133].

En règle générale, les marchés de gré à gré sont redevables d'un certain nombre de besoins qui ne peuvent être satisfaits que par une prestation nécessitant l'emploi d'un brevet d'invention, d'une licence ou de droits exclusifs détenus par un seul entrepreneur.

On y fait également recours, lorsque les marchés ne peuvent, pour des raisons techniques ou artistiques, être confiés qu'à un prestataire déterminé. L'autorité contractante

---

132 Art. 24 et 143 du Décret du 2 juin 2010.

133 Art. 42 de la Loi relative aux marchés publics.

peut s'y référer, en cas d'extrême urgence dictée par les travaux, fournitures ou services qu'elle souhaite faire exécuter en lieu et place de l'entrepreneur, fournisseur ou prestataire défaillant, ou lorsqu'elle se trouve devant des marchés spéciaux relevant de la défense nationale ou d'une urgence motivée par des circonstances imprévisibles ou de force majeure.

Le recours aux marchés négociés ne dépend pas uniquement du seuil, il est aussi tributaire de la nature des besoins à satisfaire, l'objet du contrat ou des circonstances qui l'entourent. Habituellement conclus par appel d'offres, les marchés de travaux peuvent l'être par voie de gré à gré si elle est autorisée.

Il est admis qu'un marché conclu sur la base des motifs illicites ou abusivement rattachés soit nul et de nul effet. D'ordre public, cette nullité peut être soulevée même d'office par le juge.

Le contenu de la notion étant vaste, il importe de clarifier les concepts annexes, notamment l'utilisation exclusive d'un droit détenu par un seul entrepreneur, l'urgence et la défaillance du titulaire du marché. On s'intéressera également à la procédure de passation d'une catégorie particulière des marchés.

1. La détention et l'utilisation exclusive d'un droit

Le législateur autorise le recours à la procédure de gré à gré, lorsque les besoins à satisfaire sont couverts, soit par un brevet d'invention, soit par une licence détenue par un seul fournisseur[134]. Le brevet et la licence assurent, dans ce cas, la protection d'une œuvre susceptible d'appropriation privée préjudiciable au titulaire ou utilisateur.

134 Art. 42. 1 de la Loi relative aux marchés publics.

L'utilisation du produit par un seul entrepreneur ou couvert par l'unique brevet suffit pour que la procédure négociée soit engagée. Il faut en plus que le titulaire du marché soit le seul à disposer du droit sur l'œuvre ; celle-ci devant apparaître comme la seule à satisfaire les besoins de l'autorité publique.

Dans cette perspective, l'autorité contractante doit s'assurer que le procédé ou l'œuvre, objet du droit d'exclusivité soit l'unique moyen d'exécution du marché et que l'entreprise pressentie soit la seule à pouvoir utiliser l'œuvre couverte du brevet ou de la licence.

2. L'urgence et la défaillance du titulaire du marché

L'urgence est une situation qui empêche le titulaire du marché à exécuter dans le délai ses obligations contractuelles et satisfaire ainsi aux besoins de l'autorité publique. Il peut, dans ce cas, s'agir d'une catastrophe naturelle ou de la défaillance d'un titulaire initial pour que la loi autorise la réduction de ce délai en vue de permettre la satisfaction rapide du besoin faisant l'objet du marché.

La pratique reconnait que l'appréciation de l'urgence se fasse au moment de la survenance d'un événement impérieux de caractère imprévisible et indépendant de la volonté de la personne publique.

La défaillance du titulaire du marché ouvre également la voie à la procédure de gré à gré uniquement pour les marchés de travaux. Seule l'incapacité à exécuter complètement et convenablement le marché constitue une défaillance [135] pour que l'autorité publique soit autorisée de recourir à la procédure négociée ou à lancer un autre appel à la concurrence.

---

[135] Art. 140 al. 1er du Décret n°10/22 du 2 juin 2010 portant Manuel des procédures de la Loi relative aux marchés publics.

Lorsqu'à l'issue d'un appel à la concurrence, aucune offre n'a pu être déposée, reçue ou acceptable, l'autorité publique recours à la procédure de gré à gré. L'offre irrecevable se trouve dans l'une des conditions de non-conformité, celle inacceptable est soit infructueuse, soit rejetée par la commission d'analyse.

3. Le cas particulier des marchés spéciaux

Les marchés spéciaux régissent un secteur particulier de la vie nationale, ils portent sur la sécurité, la défense nationale ou les intérêts stratégiques de l'État[136]. C'est le premier ministre qui, après délibération en Conseil des ministres, définit la procédure de passation de ces marchés[137].

Pour autant que la défense et la sécurité nationales relèvent du domaine de la souveraineté, on admet qu'elles fassent partie des intérêts stratégiques du pays pour que les marchés s'y rapportant prétendent à une protection spéciale. Il s'agit notamment des marchés ayant pour objet l'acquisition du matériel sécuritaire ou de la défense nationale (casernes, campements, port avions, armes, munitions et autres matériels de guerre).

Couverts par le secret-défense, ces marchés ne peuvent, sauf exception légale, faire objet d'un appel d'offres.

§3. Les procédures de passation des marchés publics

La procédure de passation des marchés publics est complexe et laborieuse. Le législateur opère, à cet égard, une distinction entre la procédure générale applicable à tous les marchés de celle uniquement d'usage à des catégories particulières des contrats administratifs.

---

136 Art. 44 et 45 de la Loi relative aux marchés publics.

137 Art. 45 al. 2 de la Loi relative aux marchés publics.

A. La procédure générale

La procédure générale de passation des marchés publics obéit à une présentation claire et précise.

L'administration publique qui se propose de passer un marché public ou une délégation de service public se doit d'identifier les besoins qu'elle détermine avec précision dans le cahier des charges.

Une fois les besoins identifiés, elle recherche le financement susceptible de couvrir l'ensemble de dépenses que nécessite la correcte et parfaite exécution du marché ou de la délégation de service public.

Dans la pratique, ce financement est assuré par le trésor public ou les partenaires publics ou privés, bilatéraux ou multilatéraux. L'absence de financement rend aléatoire l'exécution du marché ou de la délégation de service public.

Plus qu'une imagination de l'esprit, la gestion des marchés publics incite l'autorité publique à recourir au service des techniciens. C'est sur l'expertise de la Cellule de gestion des projets et des marchés publics que l'autorité contractante s'appuie pour l'élaboration de son plan de passation des marchés publics à soumettre, pour avis de non objection, à la Direction générale de contrôle des marchés publics.

Minutieusement préparé, ce plan est sous-tendu par le montage du dossier dont la transmission est, selon le cas, obligatoire à la Direction générale de contrôle des marchés publics qui s'assure que la procédure en la matière a été observée.

Une fois le plan approuvé, l'autorité contractante rend public le dossier d'appel d'offres nationaux. Se réalisant dans le délai légal, la publicité a lieu au journal officiel ou dans tout organe de presse à même d'atteindre le maximum des prestataires. La violation de cette règle est un motif de contestation de la procédure entreprise devant les autorités administratives ou juridictions compétentes.

Les offres proposées par chaque prestataire sont reçues, minutieusement étudiées et évaluées selon un critérium préalablement arrêté.

En vue de l'obtention d'un avis de non objection de la Direction générale de contrôle des marchés, l'autorité contractante lui adresse un rapport circonstancié sur l'évaluation des offres reçues et les attributions provisoires ordonnées.

Acceptée par l'autorité compétente, l'attribution définitive du marché conduit à sa mise au point. Signé par les parties concernées, il devient leur loi et peut être exécuté selon les formes et délais légaux.

B. Les procédures spécifiques

Le législateur organise avec soin la procédure spécifique à une catégorie particulière des marchés publics ou délégations de service public. Cette procédure diffère selon que le marché envisagé est ou non soumis à la revue préalable d'appel d'offres.

1. Les marchés non soumis à la revue préalable d'appel d'offres

Il est un principe que tout contrat administratif soit, avant sa signature, soumis à un contrôle préalable d'une autorité administrative compétente, mais le législateur peut, dans sa souveraineté, exempter certains de cette obligation.

Cette dérogation concerne uniquement les marchés spéciaux dont la procédure de passation est organisée par le décret du premier ministre délibéré en Conseil des ministres. Il s'agit, pour rappel, des marchés liés à la défense nationale, à la sécurité et aux intérêts stratégiques de l'État. Pour cette catégorie des marchés, on exige simplement :

- l'identification et la détermination par l'autorité contractante du besoin du marché ;
- la recherche du financement au près du trésor public (ce financement doit être prévu dans le budget de l'État), des partenaires publics ou privés, bilatéraux ou multilatéraux ;
- l'élaboration au sein de chaque autorité contractante du plan de passation des marchés publics à soumettre, pour avis de non objection à la Direction générale de contrôle des marchés publics ;
- le montage du dossier et sa transmission ou pas à la Direction générale de contrôle des marchés publics ;
- la publication obligatoire du dossier d'appel d'offre national; le délai de publicité devant être observé car, sa méconnaissance peut donner lieu à des contestations au titre des recours administratifs ou juridictionnels ;
- l'évaluation des offres proposées ;
- la transmission ou non, selon le cas, du rapport d'évaluation à la Direction générale de contrôle des marchés publics ;
- l'attribution provisoire du marché ;
- la négociation et la signature du contrat ;
- l'approbation obligatoire du marché ;
- l'exécution du marché ou du projet.

2. Les marchés subordonnés à la revue préalable d'appel d'offres

Le législateur subordonne la passation d'une catégorie de marchés publics ou délégations de service public à la certification par la Direction générale de contrôle des marchés publics de la procédure entreprise.

Les marchés soumis à cette exigence portent sur les offres passées de gré-à-gré et dont la réalisation est subordonnée à la demande de cotation ; quelques marchés spécialement identifiés dans la loi et les appels d'offres nationaux dont le seuil est en deçà de celui retenu : trois millions de francs congolais pour les marchés de travaux, deux millions pour les marchés de fournitures et cents millions pour les marchés de prestations intellectuelles.

Adjugée par un appel d'offre national ou international, la revue préalable se construit sur la nature du marché et le seuil fixé, celui-ci est de trois cent millions de francs congolais pour les marchés de travaux et de vingt millions de francs congolais au moins pour les marchés de prestations intellectuelles et les délégations de service public.

Dans la pratique, la revue préalable porte sur :

- l'identification et la détermination par l'autorité contractante du besoin du marché ;
- la recherche du financement au trésor public (prévu dans le budget de l'État), partenaires publics ou privés bilatéraux ou multilatéraux ;
- l'élaboration au sien de chaque autorité contractante du plan de passation des marchés publics à soumettre pour avis de non objection à la Direction générale de contrôle des marchés publics ;
- le montage du dossier et sa transmission ou non à la Direction générale de contrôle des marchés publics ;
- la publication obligatoire du dossier d'appel d'offres national ; le délai de publicité doit être observé et sa méconnaissance peut donner lieu à des contestations au titre des recours administratifs ou juridictionnels ;
- l'évaluation des offres proposées ;
- la transmission ou non, selon le cas, du rapport d'évaluation à la Direction générale de contrôle des marchés publics ;

- l'attribution provisoire du marché ;
- la négociation et la signature du contrat ;
- l'approbation obligatoire du marché ;
- l'exécution du marché ou du projet.

Un marché public ou une délégation de service public dont le seuil est inférieur à celui exigé impose sa passation suivant une procédure simplifiée.

3. La procédure simplifiée

La procédure simplifiée est une technique qui autorise la personne publique à choisir le titulaire du marché après une publicité et la mise en concurrence préalable. Encore une fois de plus, c'est le seuil du marché qui est l'élément déterminant le choix de cette procédure. Le Décret portant Manuel des procédures de la loi relative aux marchés publics[138] précise à ce sujet que tout marché ou toute délégation de service public d'un montant inférieur aux seuils indiqués ne peut faire l'objet d'appel d'offres.

Ainsi qu'on le voit, la procédure simplifiée est proche de celle négociée, lorsqu'elle autorise l'entente entre l'autorité publique et le titulaire du marché. Elle s'en démarque par sa dépendance au seuil (le marché d'un montant inférieur aux seuils réglementaires étant passé suivant la procédure simplifiée), alors que la procédure négociée est tributaire de l'objet du marché et des circonstances qui la recommandent (l'urgence, l'imprévision ou le cas particulier des marchés spéciaux).

Schématiquement, la procédure simplifiée débute par la mise en concurrence d'au moins trois fournisseurs et le dépôt par les candidats sélectionnés de ses factures pro-forma, étape indispensable pour distinguer les critères de

---

138 Art. 9.

sélection de ceux d'évaluation ou de qualification. Si les critères de sélection poursuivent la détermination de l'offre économiquement la plus avantageuse, ceux d'évaluation conduisent à l'identification technique de l'entreprise à même d'exécuter normalement le marché[139].

§4.La passation des marchés publics dans le domaine électoral

Plus qu'une technique de distribution démocratique du pouvoir, la préparation, l'organisation et la gestion d'un scrutin engagent l'administration électorale dans la négociation, la conclusion et la signature d'une série d'accords ayant pour objet l'achat public.

Se réalisant tout au long du processus de votation, la passation des marchés publics ou des délégations de service public fait intervenir le droit électoral dans le domaine jadis considéré comme une chasse gardée de celui des marchés publics.

Plus qu'une juxtaposition, la coopération entre les deux disciplines se réalise par un regard croisé et apparemment paradoxal entre un droit politique et celui technique ; la distance étant plus que jamais réduite.

Pour s'assurer de la bonne organisation d'une élection, la Commission électorale nationale indépendante se voit confier la compétente de passer une série des marchés publics se rapportant aux opérations pré-électorales, électorales et référendaires[140].

---

139 Art. 23. A. de la Loi relative aux marchés publics.

140 Art. 9. 3 de la Loi organique n°13/012 du 19 avril 2013 modifiant et complétant la Loi organique n°10/13 du 28 juillet 2010 portant organisation et fonctionnement de la Commission électorale nationale indépendante.

Qu'il s'agisse de la constitution du fichier électoral, la formation du personnel électoral, la préparation et l'organisation du scrutin ou du dépouillement, l'administration électorale se voit obliger de solliciter, soit l'exécution des travaux, soit la fourniture des biens et services, soit encore la réalisation des prestations intellectuelles.

Les marchés de travaux portent sur la réalisation au bénéfice de l'administration électorale de travaux de bâtiment ou de réfection d'ouvrages devant abriter ses locaux et dépôts.

Les marchés de fournitures s'articulent en achat, prise en crédit-bail, location ou location-vente de produits et autres matériels au service de la bonne organisation d'un scrutin. En vue du déploiement du personnel et matériel électoraux, la Commission électorale nationale indépendante peut louer des privés les avions et autres moyens de transport usuels. Son équipement en matériel roulant ou celui sensible (bulletins de vote, urnes et isoloirs), participe à la bonne réalisation de ses objectifs.

L'administration électorale est également autorisée à passer des contrats dont l'objet porte sur l'entretien ou la maintenance de ses équipements, installations et matériels ou le gardiennage de ses locaux administratifs ; elle conclut des marchés des services.

Plus qu'un chronogramme d'activités et opérations à réaliser, l'organisation d'une élection est redevable d'une bonne préparation technique, logistique et psychologique. Une bonne éducation civique et électorale participe à la crédibilité du scrutin et la réduction des tensions politiques qui accompagnent bien souvent le processus de votation dans les pays sortis des crises politiques et militaires ou en transition démocratique[141]. Les marchés passés dans ce secteur ont un objet précis, à savoir les prestations intellectuelles.

En rapport avec l'un ou l'autre type de marché public, la Commission électorale nationale indépendante recourt à l'appel d'offres et, exceptionnellement, à la procédure de gré à gré.

Elle définit ses besoins, établit son cahier des charges et organise la procédure de dépôt, de réception et d'examen des dossiers de prestation avant toute attribution du marché public ou la délégation de service public.

C'est au président de la Commission électorale nationale indépendante qu'il revient de négocier, passer et signer, conformément à la loi des finances et celle de la comptabilité publique, les marchés publics et délégations de service public[142]. Autorité contractante au sein de l'administration électorale, il y surveille l'ensemble d'activités se rapportant à l'achat public.

L'administration électorale se doit également de se montrer attentive et respectueuse des principes qui régissent l'achat public. Elle veillera particulièrement à l'observance de la liberté d'accès à la commande publique, au traitement égalitaire des candidats et à la transparence dans l'examen des dossiers de soumission ainsi qu'à la budgétisation de tout marché public.

La pratique offre très peu de cas où la violation de l'un ou l'autre de ces principes a été sanctionnée. On signalera

---

141 ESAMBO KANGASHE J.-L, *Le droit électoral congolais*, Louvain-la-Neuve, Academia-l'Harmattan, bibliothèque de droit africain 11, 2014, pp. 115-116.

142 Art. 39.11 du Règlement intérieur de la Commission électorale nationale indépendante

cependant qu'au moment de la tenue de l'élection présidentielle camerounaise du 9 octobre 2011, un membre de l'administration électorale s'était vu obligé de démissionner en raison de sa complicité supposée en faveur d'un candidat à qui il aurait fait bénéficier des facilités financières pendant la campagne électorale.

Les marchés publics passés par la Commission électorale nationale indépendante sont soumis au double contrôle administratif et juridictionnel, se réalisant à priori ou à postériori. Ils poursuivent la réalisation des objectifs que s'est assignés l'administration électorale.

Section 2 : L'exécution des marchés publics

La signature d'un marché public ne lui confère nullement toute effectivité. Il faut en plus qu'il soit exécuté de bonne foi. L'exécution d'un marché public le rend effectif alors que le contraire ferait douter de son existence.

La loi organise les règles générales d'exécution, à côté de celles spécifiques à une catégorie sectorielle des marchés, mais en raison de l'implication des tierces personnes dans l'exécution des marchés passés entre l'autorité contractante et le titulaire, il importe de s'en occuper.

§1. Les règles générales

Passé par appel d'offres ou selon la procédure de gré à gré, marché public doit être exécuté de bonne foi. Mieux connaître les droits et obligations des parties au contrat rendrait aisée l'identification des personnes autorisées à demander le rétablissement, en cas de conflit, de l'équilibre interrompu par l'inexécution d'une ou plusieurs stipulations contractuelles.

A. Les droits et obligations des parties

L'attribution d'un marché public ou d'une délégation de service public s'accompagne de la signature par les parties du contrat pour que son exécution soit aisément envisagée. Soumise à l'autonomie des volontés, l'exécution se fait de bonne foi. Cette règle connait dans la pratique une série de dérogations justifiées par la reconnaissance à la personne publique contractante des prérogatives capables de sauvegarder l'intérêt de la communauté.

Dans le domaine précis des marchés publics, le cocontractant bénéficie de certains avantages découlant des prestations réalisées au profit de l'autorité contractante. Le commerce juridique auquel il a souscrit n'est juste qu'autant qu'il respecte une certaine parité dans la quantité d'informations disponibles, l'objet de l'échange et les droits et devoirs des parties[143].

Débordant parfois les limites des stipulations contractuelles, les droits du cocontractant de l'administration tendent vers la consolidation de l'équilibre économique et financier indispensable à la réalisation des objectifs attendus.

Se dessine l'architecture contenant les droits de l'administration, ceux du cocontractant et ses devoirs ainsi que la procédure du règlement du contentieux.

1. Les droits de l'administration

A l'occasion de l'exécution du marché, la personne publique détient des prérogatives exorbitantes du droit commun portant notamment sur l'exercice du pouvoir de direction, de contrôle et de sanction, mais également celui de la modification et résiliation unilatérale du contrat.

---

143 COMPTE–SPONVILLE A, *Petit traité des grandes vertus*, Paris, PUF, 1995, p. 90.

1.1. Le pouvoir de direction

Le pouvoir de direction autorise le maître d'ouvrage à prendre des décisions unilatérales imposables à l'entrepreneur tout au long du processus d'exécution du marché. Ce pouvoir se manifeste principalement par les ordres et injonctions donnés à l'entrepreneur, notamment dans le maintien de l'intérêt général.

Il apparaît également dans les ordres de service donnés à l'entrepreneur par l'autorité contractante qui indique clairement les directives qu'elle estime nécessaire dans l'exécution normale du marché.

1.2. Le pouvoir de contrôle

Lors de l'exécution du marché, le maître d'ouvrage dispose d'un pouvoir de contrôle sur l'état d'avancement et d'exécution des travaux, de la fourniture des biens et services ainsi que des prestations intellectuelles faisant l'objet des stipulations contractuelles. Ce contrôle s'étend même lors de la réception de l'ouvrage ou du bien objet du marché.

Généralement confié aux ingénieurs de l'administration qui peuvent, à tout moment, convoquer l'entrepreneur pour inspecter les chantiers, ce contrôle préventif peut être, pour les marchés de travaux, délégué au maître d'œuvre.

Ce pouvoir porte essentiellement sur la manière dont s'exécutent les travaux, le respect par l'entrepreneur des clauses du contrat et les critères d'évaluation qui ont présidé au choix de l'offre économiquement la plus avantageuse.

1.3. La modification discrétionnaire des stipulations contractuelles

Pendant l'exécution du marché, il peut se produire une situation menaçant l'ordre public pour que la personne publique soit autorisée à modifier les stipulations contractuelles en vue d'adapter le marché aux circonstances environnementales nouvelles ou aux impératifs d'intérêt général.

Ce pouvoir se justifie amplement en application de la « théorie du changement » qui suggère à l'administration d'adapter son action à l'évolution des besoins d'intérêt général[144]. Ainsi conçue, cette prérogative déroge à l'exécution volontaire et de bonne foi des stipulations contractuelles.

Loin d'avoir une application générale, ce privilège connait quelques assouplissements à l'égard d'une catégorie des marchés qui autorisent le recours aux règles de droit privé.

Dans la limite de quinze pourcent de la valeur totale du marché, le législateur autorise les modifications au contrat de base par voie d'avenant[145]. Cette technique est reconnue comme principe, alors que celle unilatérale l'exception[146].

En droit congolais, la modification du contrat n'a lieu que par voie d'avenant convenu entre parties. Dans ce cas, la possibilité d'une révision unilatérale ne peut intervenir qu'en cas de dépassement du montant du marché dans les limites comprises entre zéro et cinq pour cent et ce, sous forme des ordres de service[147].

Contrat additionnel à la convention principale dont il se propose de modifier une ou plusieurs dispositions, l'avenant est soumis à l'avis obligatoire de non objection délivré par la Direction générale de contrôle des marchés publics. Il doit -

---

144 YUMA BIABA L, *Manuel de droit administratif*, p. 166.

145 Art. 58 de la Loi relative aux marchés publics.

146 Art. 199 du Décret n°10/22 du 2 juin 2010 portant Manuel de procédures de la Loi relative aux marchés publics.

147 Art.201 du même Décret.

au moment de son approbation- recueillir, compte tenu du montant du marché augmenté de celui de l'avenant, l'accord de toutes les parties qui apposent leurs signatures[148].

Lorsque les modifications des clauses contractuelles affectent le prix du contrat initial, celui d'avenant ne peut dépasser quinze pour cent de la valeur totale du marché de base ; celles dont le prix ne dépasse pas cinq pour cent de la valeur du contrat de base étant considérées comme ayant un caractère unilatéral et notifiées au cocontractant sous forme des ordres de service.

On note, par ailleurs, que toute modification par voie d'avenant ou par décision unilatérale est fonction du montant d'avenant. Ainsi, lorsque le montant du marché est supérieur à cinq pour cent, les modifications ne peuvent se faire qu'après signature d'avenant y afférent[149].

1.4. La résiliation unilatérale du contrat

En droit des marchés publics, la résolution du contrat est ordonnée par le juge, l'administration publique disposant en la matière du pouvoir de résiliation unilatérale justifié, par ailleurs, par des motifs d'intérêt général[150]. Une résiliation qui ne repose sur aucune faute, ni fondée sur un motif d'intérêt général, est irrégulière[151]

Comme sanction[152], la résiliation intervient, lorsque l'entrepreneur se rend coupable d'une faute grave, telle que la cessation ou l'interruption injustifiée des travaux ou le non-respect des ordres de service. La personne publique est,

---

148 Art. 194 du même Décret.

149 Art. 201 point c du Décret n°10/22 du 2 juin 2010 portant Manuel de procédures de la Loi relative aux marchés publics.

150 ZWANG H, *Marchés publics, les règles applicables aux entreprises*, p. 79.

151 MORAND J, *Cours de droit administratif*, p. 412.

152 Art. 181 à 185 du Décret n° 10/22 du 2 juin 2010 portant Manuel de procédures de la Loi relative aux marchés publics.

dans ce cas, autorisée à passer un autre contrat ou l'exécuter sous forme de régie aux frais et risques de l'entrepreneur défaillant.

La doctrine distingue la résiliation simple de celle portant sur la réadjudication de folle enchère[153]. Commandée par les motifs d'intérêt général, la première fait supporter les conséquences à la personne publique contractante, contrairement à la seconde qui oblige le cocontractant à supporter les conséquences financières de la passation du marché de remplacement.

A l'opposé des sanctions coercitives envisageables, la résiliation avec réadjudication à la folle enchère n'est déclenchée qu'à la suite d'une faute commise par le titulaire ; elle ne peut être prononcée que si la situation a été, après une mise en demeure préalable mentionnée dans le marché[154].

1.5. Le pouvoir de sanction

A l'égard de l'entrepreneur auteur de l'acte d'improbité[155], l'administration peut ordonner son exclusion temporaire de la commande publique, le retrait de son agrément ou du certificat de qualification[156]. En cas de récidive, le juge prononce la déchéance définitive.

L'administration est également compétente pour retenir la garantie financière fournie par l'entrepreneur pour couvrir les risques de mauvaise exécution à ce compris, la restitution du trop-perçu financier.

---

153 LAJOYE C, *Droit des marchés publics*, p. 373.

154 Art. 182 du Décret n°10/22 du 2 juin 2010 portant Manuel de procédures de la Loi relative aux marchés publics.

155 Tel que la surfacturation, la corruption ou les manœuvres frauduleuses.

156 Art. 81 de la Loi relative aux marchés publics.

Partie au marché, le cocontractant jouit des droits auxquels sont jointes les obligations issues des stipulations contractuelles.

2. Les droits et devoirs du cocontractant

La conclusion du marché public fait naître, dans le chef du cocontractant, une gamme d'obligations dont le non-respect est constitutif de faute lourde entraînant, conséquemment, sa responsabilité contractuelle.

Parallèlement à ses devoirs, le titulaire du marché dispose des droits qui lui permet d'exécuter normalement le marché, même en cas de survenance des événements perturbant ou retardant sa bonne réalisation.

2.1. Les droits du cocontractant

Devenu titulaire du marché, le cocontractant peut alors commencer à exécuter ses prestations contractuelles parce que disposant d'une gamme des droits au nombre desquels le paiement intégral du prix convenu et le rétablissement de l'équilibre financier.

a. Le paiement du prix convenu

Contrepartie monétaire payée par la personne publique en échange des prestations réalisées par l'entreprise titulaire du marché, le prix en est l'élément substantiel. De celui-ci, on reconnait le caractère onéreux du contrat.

Elément de rémunération du titulaire du marché[157], le prix couvre plusieurs prestations pouvant être réglées par d'autres

---

[157] Art. 54 de la Loi relative aux marchés publics.

à la fois forfaitaire et unitaire.[158] Le prix est ferme, révisable, unitaire ou provisoire.

Le prix ferme n'est pas modifiable, même lorsque l'évolution des conditions économiques l'exige. La loi définit et fixe les modalités de recours au prix ferme[159]. Le prix ajustable ou révisable autorise à prendre en compte l'évolution de la situation pendant la durée d'exécution des prestations contractuelles.

Le prix unitaire est calculé en fonction de quantités réellement exécutées ou livrées. On y recourt, lorsque les prestations, objet du marché, comportent des incertitudes sur leurs quantités. Il est forfaitaire en raison de son application à tout ou partie des prestations du marché, quelles que soient les quantités fournies ou exécutées. Ce sont les prestations préalablement définies lors de la conclusion du marché qui en déterminent la fréquence.

En rapport avec le paiement du prix, la loi autorise le versement des avances et acomptes. À la différence d'une avance qui est versée avant l'exécution du marché et sous certaines conditions[160], l'acompte est un paiement partiel effectué au fur et à mesure que les prestations se réalisent. Il ne concerne que les marchés dont le délai d'exécution est supérieur à trois mois.

De toutes les manières, le prix du marché est, en principe, fixé avant l'exécution du marché, il demeure inchangé. En cas de survenance, au moment de l'exécution des prestations, des circonstances occasionnant une augmentation des dépenses non prévues au contrat, l'entrepreneur peut le poursuivre en se réservant le droit à

158 Art. 55 de la Loi relative aux marchés publics.

159 Art. 56 de la Loi relative aux marchés publics.

160 Art. 162 et 163 du Décret n°10/22 du 2 juin 2010 portant Manuel de procédures de la Loi relative aux marchés publics.

l'indemnisation du trop payé, question de rétablir l'équilibre financier.

b. Le rétablissement de l'équilibre financier

Dans le domaine du contrat et notamment des marchés publics, les parties ne sont, en principe, tenues qu'à exécuter les obligations convenues de commun accord. La survenance des circonstances non prévues dans le contrat peut, néanmoins, donner lieu au réajustement des obligations contractuelles. On pense notamment à la théorie des sujétions imprévues, à la réalisation des travaux supplémentaires indispensables à l'ouvrage, à la théorie de l'imprévision et du fait de prince.

b. 1. Les sujétions imprévues

Essentiellement attachées aux marchés de travaux, les sujétions imprévues résultent d'un événement fortuit survenu au moment de l'exécution du marché (une grande érosion causée par la pluie diluvienne) au point de la rendre plus difficile.

Obligé de recourir aux dépenses supplémentaires non prévues dans le contrat, l'entrepreneur a droit à une indemnisation compensatrice intégrale soumise aux conditions restrictives. L'évènement doit provenir d'une circonstance extérieure aux parties, être absent au moment de la conclusion du marché et présenter un caractère anormal ou exceptionnel dépassant les aléas ordinaires du marché[161].

La réalisation de ces conditions étant un préalable au rétablissement de l'équilibre financier interrompu, le cocontractant peut et doit poursuivre l'exécution des travaux

[161] LAJOYE C, *Droit des marchés publics*, p. 380.

jusqu'à leur terme ; la sujétion imprévue n'étant pas assimilable à un cas de force majeur.

b. 2. Les travaux supplémentaires indispensables

En règle générale, l'entrepreneur n'est tenu qu'à l'exécution des travaux faisant l'objet du marché. De façon exceptionnelle, les travaux supplémentaires réalisés à sa seule initiative peuvent donner lieu à un paiement additionnel, si le juge l'autorise[162].

Pour prétendre à une telle indemnisation, les travaux supplémentaires ne doivent être exécutés que s'ils sont prescrits par un ordre écrit de la personne publique ou un nouveau contrat. L'absence d'une telle exigence n'est pas suspensive de la rémunération des travaux réalisés, dès lors qu'ils ont été indispensables à l'exécution du marché.

Inspirée de l'arrêt Canari, cette solution n'a pas été d'application absolue. On note qu'en vue de la réfection des chemins communaux dans la limite de 19. 500 Franc français, la Commune de Canari a passé un marché des travaux avec la Société chimique routière et d'entreprise générale.

Sans qu'aucun nouveau contrat ne soit conclu, ni l'ordre écrit de l'autorité publique, le titulaire du marché résolut de poursuivre les travaux au-delà des limites contractuelles. S'appuyant sur les dépenses supplémentaires engagées, mais indispensables à l'ouvrage, l'entrepreneur adressa à la Commune la facture subséquente.

Refusant d'y déférer, la Commune a été attraite devant le tribunal administratif de Nice pour remboursement des dépenses supplémentaires effectuées dans l'ouvrage. Elle a

---

162 Cette solution a été précisée dans l'arrêt CE, 17 octobre 1975, entre la SCREG contre Commune de CANARI.

été effectivement condamnée pour enrichissement sans cause.

Au degré d'appel, la Commune a été rétablie dans ses droits, le Conseil d'État ayant considéré l'absence d'un nouveau contrat, d'un ordre écrit ou verbal comme suffisant pour que les travaux supplémentaires réalisés n'aient pas un caractère indispensable à la bonne exécution de l'ouvrage.

Il revient à l'entrepreneur concerné d'apporter la preuve que les travaux supplémentaires réalisés sans ordre écrit ont été indispensables à l'exécution du marché initial et, que sans eux, les résultats attendus ne seraient pas atteints.

b. 3. L'imprévision

La théorie d'imprévision impose à la personne publique contractante, l'obligation d'aider financièrement le cocontractant à exécuter ses obligations quand un événement imprévisible, ne résultant pas de la volonté des parties, entraîne le bouleversement de l'économie du contrat ou menace son exécution[163].

Bien que proche des sujétions imprévues, l'imprévision s'en démarque nettement. Si les premières résultent d'un événement naturel conduisant à l'indemnisation intégrale de l'entrepreneur, la seconde comporte les difficultés d'ordre financier[164]compensées par une indemnisation partielle.

Exceptionnellement survenue au moment de l'exécution du contrat, l'imprévision ne libère pas l'entreprise attributaire de son obligation contractuelle, l'acheteur public étant tenu

---

163 LAJOYE C, *Droit des marchés publics,* p. 385.

164 La théorie de l'imprévision trouve son origine dans l'arrêt du conseil d'État rendu le 30 mars 1916 dans l'affaire de la Compagnie générale du gaz de Bordeaux.

de lui venir, en quelque sorte, en aide en prenant sa part des charges supplémentaires résultant de l'imprévision.

L'imprévision est donc subordonnée à la survenance d'un événement indépendant de la volonté des parties subitement survenu après la conclusion du contrat, mais ayant pour but de provoquer le bouleversement de l'économie du contrat au moment de son exécution. Il peut ainsi s'agir d'un aléa économique ou de l'intervention d'un tiers.

Une simple augmentation du prix des matières premières ne peut être assimilée à l'imprévision, sauf s'il entraîne un bouleversement total de l'économie du marché. Les parties sont donc invitées à rechercher constamment l'adaptation des stipulations contractuelles à l'état de l'imprévision. Au cas où cette adaptation paraît difficile, le cocontractant a droit au bénéfice d'une indemnité conséquente.

Inspirée de l'arrêt Compagnie générale de l'éclairage de Bordeaux de 1916, cette solution est apparue justifiée pour assurer l'équilibre financier entre parties au contrat. Concessionnaire de la ville de Bordeaux pour l'éclairage public[165], cette firme a, du fait de la guerre, dû subir une augmentation importante du prix de charbon, totalement imprévisible lors de la signature du contrat.

Saisi, le Conseil d'État a considéré que, bien que le concessionnaire dût normalement assumer les variations du prix des matières premières qui constituaient un aléa, ce quintuplement du prix de charbon était totalement imprévisible et extérieur à la volonté des parties. Il a décidé que la compagnie était en droit de continuer l'exécution du service et la ville obligée de lui assurer une indemnité compensatrice.

---

165 A cette époque, la ville de Bordeaux était éclairée au moyen du gaz dit de houille.

Pour bien s'assurer de la bonne gestion de l'imprévision, on conseille la mise en place, lors de la conclusion du marché, d'un cadre permanent de détection susceptible de justifier le versement au cocontractant d'une indemnité compensatrice.

Dans tous les cas, l'imprévision ne dispense nullement le cocontractant de l'obligation de réaliser le marché : elle en interrompt simplement l'exécution.

b. 4. Le fait de prince

Acte unilatéral de l'administration, partie au contrat, le fait de prince rend plus difficile et onéreuse l'exécution du marché. Dans la mesure où il peut conduire au bouleversement de l'économie du contrat, il est important de rétablir l'équilibre financier par le paiement de l'indemnité au bénéfice du cocontractant ou son secours financier.

2.2. Les devoirs du cocontractant

Les obligations du cocontractant varient en fonction de la spécificité du marché. Pour les marchés de travaux et de services, par exemple, elles portent sur la réalisation de travaux immobiliers et les prestations de services et, pour ceux de fournitures, sur le transfert de la propriété d'un bien.

Quel que soit la nature du marché, le cocontractant est tenu de l'exécuter personnellement et dans le délai requis.

a. L'exécution personnelle du marché

Il est un principe que le marché public est conclu pour être personnellement exécuté par le cocontractant.

Si le recours à la procédure d'appel d'offres facilite le choix du candidat capable de répondre aux besoins de l'administration et de lui proposer l'offre économiquement la plus avantageuse, le titulaire du marché est tenu de l'exécuter personnellement. Il n'est donc pas autorisé de céder l'exécution à un tiers sans l'accord préalable de la personne publique contractante.

Pour s'assurer des capacités techniques du titulaire du marché à assurer son exécution personnelle, la loi a prévu que celle-ci ait lieu dans le délai contractuel.

b. L'exécution du marché dans le délai contractuel

L'exécution des stipulations contractuelles exige que le marché soit réalisé dans le délai arrêté dans le contrat. Ce délai commence à courir à compter de la notification du contrat ou, à tout le moins, à partir du moment où la personne publique, maître d'ouvrage, a donné l'ordre à l'entrepreneur de débuter les travaux.

C'est naturellement dans le cahier spécial des charges qu'est indiqué le délai d'exécution du marché. Son dépassement donne lieu à des pénalités[166] dont l'application est subordonnée à la mise en demeure par l'autorité contractante du titulaire du marché[167].

La survenance de certaines circonstances peut justifier la prolongation de ce délai. Il peut s'agir des modifications importantes imposées par la nature de l'ouvrage, l'apparition des difficultés imprévues dans le chantier, l'ajournement des travaux sur décision de la personne publique et les conditions atmosphériques. Tout allongement des délais d'exécution du marché conduit inévitablement à la conclusion d'un avenant.

---

166 Art. 67 de la Loi relative aux marchés publics.

167 Art. 189 du Décret n°10/22 du 2 juin 2010 portant Manuel de procédures de la Loi relative aux marchés publics.

L'entrepreneur doit, en tout état de cause, respecter toutes les stipulations techniques, les ordres de service et règles d'hygiène, ainsi que la sécurité et toute autre disposition découlant ainsi du droit du travail. En cas de litige, la partie lésée saisit les instances compétentes.

§2. Les dispositions particulières relatives à l'exécution des marchés publics

En raison du caractère technique de certains marchés, la loi autorise l'exécution par des tierces personnes. Il s'agit notamment des personnes couvertes par les contrats de sous-traitance, co-traitance ou de nantissement.

A. La sous-traitance

La sous-traitance est un contrat qui opère cession par l'entreprise titulaire du marché l'exécution partielle des prestations à une autre qui n'est pas contractuellement liée avec le maître d'ouvrage[168]. Cette action triangulaire lie le maître d'ouvrage, le titulaire du marché et le sous-traitant.

Signée entre le titulaire du marché et le sous-traitant, la convention engage la responsabilité directe du cocontractant à l'égard de l'autorité contractante. Elle doit être prévue dans le dossier d'appel d'offres et ses conditions agréées par l'autorité contractante. Dans ce contrat, en effet, le soumissionnaire s'oblige d'indiquer dans son offre, la nature et le montant de la partie des prestations qu'il se propose de sous-traiter.

La loi limite la hauteur de la sous-traitance au quarante pourcent de la valeur globale du marché[169], l'accord ne peut modifier substantiellement la qualification de son

---

[168] Art. 59 de la Loi relative aux marchés publics.
[169] Art. 59 de la Loi relative aux marchés publics.

titulaire[170]. ; tout comme le sous-traitant interdit de se substituer au titulaire du marché dans l'exécution de ses obligations contractuelles.

Telle qu'organisée, la sous-traitance apparaît comme une liberté conditionnée à l'acceptation du sous-traitant ; l'accord de l'autorité contractante exclut toute possibilité d'étendre la sous-traitance à la qualité et la capacité technique du sous-traitant.

Le contrat de sous-traitance est toujours conclu pour une durée limitée. Il n'est pas autorisé à l'égard des personnes ne remplissant les mêmes conditions légales, techniques et financières requises.

Dans ce contrat, en effet, le titulaire du marché reste le seul interlocuteur du maître d'ouvrage public, sauf en ce qui concerne le règlement financier. De même, le paiement du sous-traitant est assuré selon les conditions de paiement agréées par l'autorité contractante lors de la demande de son acceptation. A la demande du sous-traitant, le paiement est directement fait par l'autorité contractante après, bien entendu, l'accord du titulaire du marché[171]. La procédure ou les modalités de paiement sont déterminées par voie réglementaire.

B. La co-traitance

La co-traitance est un regroupement solidaire ou conjoint d'entrepreneurs qui, par un acte d'engagement unique, décident de déposer une seule offre et désignent l'un d'eux comme mandataire commun. Signée de toutes les parties, elle est exécutée de bonne foi[172], interdit aux candidats et soumissionnaires de présenter pour le même marché ou un

---

170 Art. 60 de la Loi relative aux marchés publics.
171 Art. 63 de la Loi relative aux marchés publics.
172 Art. 64 de la Loi relative aux marchés publics.

de ses lots, plusieurs offres en agissant à la fois comme candidats individuels ou membres d'un ou plusieurs groupements.

C. Le nantissement

Le nantissement est une affectation, aux fins de la garantie d'une obligation, d'un bien meuble incorporel ou d'un ensemble de meubles incorporés présents ou futurs. Il prend effet entre les parties à l'accord et ne devient opposable aux tiers qu'à la date de prise d'acte obligatoirement porté à leur connaissance, à moins de s'assurer que volontairement ils y sont intervenus.

Une fois notifié au tiers, celui-ci en devient le créancier autorisé à recevoir valablement paiement du capital et des intérêts. Selon la législation, le marché public peut être ou non donné en nantissement[173].

---

173 Art. 65 de la Loi relative aux marchés publics.

CHAPITRE IV

LE CONTENTIEUX DES MARCHÉS PUBLICS

La procédure de passation, de gestion et d'exécution des marchés publics peut être entachée d'irrégularités et violations des dispositions légales compromettant du coup la satisfaction de l'intérêt général.

Le contentieux qui en résulte est d'autant plus diversifié que couteux pour qu'on lui accorde une importance dans la perspective de la réduction de la distance trop criante entre les objectifs visés par la commande publique et les résultats réellement obtenus.

Par vocation, les marchés publics mobilisent d'importantes ressources indispensables au développement du pays, ils favorisent la circulation des capitaux dont la traçabilité n'est pas toujours assurée.

C'est non sans raison que la gestion de la commande publique soit, en raison de son poids dans le budget de l'État, prise comme indicateur d'appréciation de l'efficacité des politiques publiques et de surcroît de l'utilisation de l'argent du contribuable[174].

Dans ce domaine, en effet, la diversité des causes à la base des litiges corresponde à la variété des solutions au moment de l'attribution du marché, mais également à son exécution.

---

[174] DUMARAIS B, *Droit public de la régulation économique*, Paris, Dalloz, 2004, p. 256.

Section1 : Les caractéristiques du contentieux des marchés publics

En raison des spécificités qui entourent habituellement la procédure de passation et d'exécution des marchés publics, les organes et instances de régulation se trouvent ainsi investis d'une mission particulière différente de celle conférée à une autorité administrative ou un juge administratif ordinaire.

La particularité du contentieux qui en découle réside dans son triple versant objectif, contradictoire et fondé sur les preuves.

§1. Le contentieux objectif

Sauf lorsqu'il porte sur la pénalisation de certains actes, le contentieux des marchés publics ne concerne pas les personnes, mais plutôt des actes découlant de l'organisation et la gestion de la commande publique.

A l'instar de tout juge, celui du contentieux ne doit, en principe, statuer que dans les limites des conclusions et réclamations qui lui sont présentées. Il a, cependant, le devoir de réunir en vue d'une décision objective des éléments d'investigation indispensables.

§2.Le contentieux contradictoire

Le contentieux est contradictoire en ce que les parties ou leurs mandataires sont autorisés à présenter leurs moyens de défense. Même si le ministère d'avocat n'est pas obligatoire, la signification des actes de procédure aux parties, ainsi que leur comparution devant l'organe de contrôle est un gage de crédibilité du processus. Il est également écrit, le législateur ayant organisé l'échange entre parties des pièces et conclusions et l'institution du mémoire en réponse.

Ce contentieux est, enfin, gratuit et secret, aucun frais n'est exigé du requérant ou de son mandataire pour l'accomplissement de tout acte de procédure ou devoir d'instruction. Si l'instruction du dossier est publique, le délibéré ne l'est pas.

§3.Le contentieux fondé sur les pièces

Le contentieux sur la commande publique porte essentiellement sur les pièces produites à l'appui d'une requête et leur authenticité, la simple dénonciation ne suffit pas. A l'exception de l'autorité contractante et de celles exerçant le pouvoir d'attribution définitive du marché public ou de la délégation de service public, toute contestation se rapportant à la passation et l'attribution du marché doit être écrite et fondée sur des preuves.

Aucune réclamation fondée sur des simples supçons ni aucune production d'un projet de décision son signée par l'autorité compétente n'est admise. Une pièce produite en photocopie libre ne fait foi qu'au cas où elle n'est pas contestée.

S'agissant de l'absence d'exécution, de l'exécution insuffisante ou imparfaite du marché, la dénonciation doit être appuyée sur des faits précis et vérifiables, mais pas seulement des intentions révélées.

Il appartient à celui qui allègue une irrégularité d'en apporter la preuve ; celle-ci pouvant être administrée par tous les moyens de droit et, notamment par la production en original ou en copie certifiée conforme à l'original de la décision attaquée.

Section 2 : Le contentieux d'attribution

Lors de la procédure d'attribution d'un marché public, l'autorité contractante dispose d'importantes prérogatives et du pouvoir étendu d'appréciation. L'usage qui en est souvent fait peut prédisposer du déséquilibre entretenu dans les rapports entre les parties au contrat. Le législateur se voit ainsi obliger d'encadrer ces rapports par l'organisation des voies de recours contre les décisions prises en violation des règles et procédures régissant la commande publique.

Même si le règlement du contentieux de l'exécution occupe encore une place de choix dans la commande publique, il importe de s'assurer au préalable de la régularité et de la légalité de la procédure suivie à la préparation et la conclusion du marché.

§1. Le contentieux de préparation du marché

Avant de se lancer au processus de passation de la commande publique, l'autorité contractante se doit d'élaborer un plan obligatoirement communiqué à la Direction générale de contrôle des marchés publics pour son avis de non objection.

Une fois l'avis obtenu, l'autorité contractante définit dans un cahier des charges ses besoins, les moyens de leur mise en œuvre et les résultats projetés. Le refus de délivrer un avis de non objection conduit à l'inexistence du plan de passation des marchés publics et, donc, du processus envisagé. Le contrôle de la régularité procédurale exercé à ce niveau couvre la dimension préventive et corrective.

A titre préventif, c'est le ministre du budget dans ses attributions qui exerce ce contrôle au moyen des avis de non objection, autorisations et autres dérogations délivrées par la Direction générale de contrôle des marchés publics.

Comme mécanisme correctif, la loi fait intervenir l'Autorité de régulation des marchés publics dans l'audit des procédures de préparation, mais également de passation des marchés publics et des délégations de service public. Le même organe est investi du pouvoir de former et/ou de renforcer les capacités du personnel chargé de la gestion, au sein de chaque autorité contractante, des marchés publics et des délégations de service public.

§2. Le contentieux de passation du marché

La passation ou l'attribution du marché peut comporter des irrégularités autorisant la partie lésée à saisir l'organe compétent. Le législateur fixe la qualité des personnes appelées à saisir les organes compétents, les modalités et délais de recours, ainsi que la nature des comportements contentieux.

A. La qualité du requérant

Dans le domaine d'attribution du marché, le requérant est soit le candidat, soit le soumissionnaire[175], éventuellement l'autorité contractante, la loi invoquant à ce sujet la notion de la personne ayant intérêt à agir.

1. Le candidat

Le candidat est une personne physique ou morale qui manifeste un intérêt à un marché public ou une délégation de service public. C'est, également, la personne physique ou morale que l'autorité contractante a retenue pour participer à une procédure de passation de marché public[176].

Dans la pratique, on admet que toute personne qui achète le dossier d'appel d'offres, dépose une demande en réponse à une procédure de pré-qualification ou du dossier de manifestation d'intérêt à la suite d'un avis correspondant soit

---

[175] Art. 154, al. 1er du Décret n°10/22 du 2 juin 2010 portant Manuel de procédures de la Loi relative aux marchés publics.

[176] Art. 5 littera 8 de la Loi relative aux marchés publics.

autorisée à contester une décision de passation d'un marché ou d'une délégation de service public.

Cette personne doit figurer sur la liste d'un appel d'offres restreint, d'une consultation restreinte (pour les marchés de travaux, des fournitures et des services courants) ou d'une liste restreinte (pour les marchés des prestations intellectuelles)[177].

En droit français, une entreprise qui n'a pas fait valoir sa candidature faute de publicité est autorisée à se présenter au référé précontractuel.[178]Elle ne peut, toutefois, être reçue en cas de contentieux que dans la mesure où le manquement invoqué en appui à son recours est prouvé et susceptible de léser à ses intérêts.

Il a été jugé que, saisi d'un recours contre l'ordonnance du juge de référé précontractuel ayant annulé une procédure d'attribution du marché, le Conseil d'État peut l'anéantir si le requérant n'a pas su prouver que le manquement allégué l'a effectivement lésé[179].

Inconnue en droit congolais, cette procédure ne peut servir qu'au titre de précaution à prendre pendant la phase qui précède la signature du contrat.

2. Le soumissionnaire

À la différence du candidat, le soumissionnaire ne se limite pas à la seule manifestation d'intérêt, il dépose, en plus, une offre aux termes d'un acte d'engagement écrit dans lequel il fait connaître ses conditions et s'engage à respecter

177 KABEYA MUANA KALALA G, *Passation des marchés publics. t.1 Principes, règles, institutions, procédures, pratiques de passation et contentieux*, p. 182.

178 LAJOYE C, *Droit des marchés publics*, p. 307.

179 LAJOYE C, *Droit des marchés publics*, p. 309.

le cahier des charges applicable. Il est donc qualifié à contester la décision de passation du marché.

3. L'autorité contractante

Représentée par le responsable de l'administration qui organise la commande publique, l'autorité contractante attribue provisoirement le marché, elle demande des avis de non objection et autres dérogations nécessaires.

En cas de désaccord avec la Direction générale de contrôle des marchés publics dans la gestion du processus de passation du marché, l'autorité contractante peut saisir en arbitrage le comité de règlement des différends[180].

B. Les modalités de recours

Tout candidat ou soumissionnaire lésé par la procédure de passation des marchés publics ou de délégations de service public peut saisir l'autorité contractante[181] dont les décisions sont attaquables devant l'Autorité de régulation des marchés publics. La loi organise, dans ce cas, le recours hiérarchique à côté de celui gracieux.

1. Le recours gracieux

L'irrégularité constatée dans la procédure de passation du marché public est portée à la connaissance de l'autorité contractante ou la personne responsable du marché. Cette dernière peut, le cas échéant, rapporter ou réviser sa décision.

Dans la pratique, le recours gracieux n'est que très peu satisfaisant ; l'autorité contractante ou la personne

---

[180] Art. 25 du Décret portant création, organisation et fonctionnement de la Cellule de gestion des projets et des marchés publics.

[181] Art. 73 de la Loi relative aux marchés publics.

responsable du marché ayant été préalablement mise au fait de la procédure de passation des marchés, de l'examen des offres et attribution du marché.

L'absence de contestation permet à l'autorité contractante de demander, par un bon d'engagement qu'elle signe, le paiement par l'autorité approbatrice du marché attribué. Dans le cas contraire, sa décision est déférée à l'autorité de tutelle.

2. Le recours hiérarchique

Le recours hiérarchique est celui porté devant l'autorité immédiatement supérieure à celle qui a pris la décision attaquée. Dans le domaine de la commande publique, l'autorité hiérarchique n'est pas toujours celle immédiatement supérieure à l'autorité contractante.

Exercé au sein de l'Autorité de régulation des marchés publics, le contrôle hiérarchique est assuré par le comité de règlement des différends qui contrôle toutes les décisions de passation et d'attribution provisoire des marchés publics et des délégations de service public[182].

Il importe de noter que toute contestation d'attribution provisoire du marché en suspend l'attribution définitive, sauf si l'autorité contractante justifie l'état de nécessité tenant à la protection des intérêts essentiels de l'État ou la force majeure, auquel cas, la suspension est différée[183].

Tel qu'organisé, ce contrôle est différent de celui ordonnancé en droit administratif. À la différence de celui-ci, la tutelle dans le domaine des marchés publics fait priver d'effet coercitif la décision de l'organe de contrôle ; la

---

182 Art. 6 point 1, 14 et 49 de la Loi relative aux marchés publics.

183 Art. 157 du Décret n°10/22 du 2 juin 2010 portant Manuel de procédures de la Loi relative aux marchés publics.

décision entreprise n'étant pas annulée, elle est simplement suspendue et, éventuellement, corrigée au bénéfice de la victime[184].

C. Les délais de recours

En règle générale, l'irrecevabilité de toute réclamation ne peut être initiée en dehors des délais légaux ou réglementaires. Une requête non concluante au niveau administratif est portée devant la juridiction compétente[185].

S'agissant particulièrement des délais de recours, ils diffèrent selon que le recours est gracieux ou de tutelle.

1. Pour le recours gracieux

Les délais de recours gracieux varient selon que la réclamation survient avant ou après l'attribution du marché.

Avant l'attribution du marché, le recours est, à peine d'irrecevabilité, introduit dans les dix jours ouvrables précédant la date limite fixée pour le dépôt des candidatures ou des soumissionnaires[186].

Lorsque le marché est attribué et notifié, ce délai est de cinq jours ouvrables à compter de la publication de la décision d'attribution provisoire[187]. Il court jusqu'à son épuisement et suspend l'attribution définitive.

---

184 Art. 158 du même décret.

185 Art. 76 de la Loi relative aux marchés publics.

186 Art. 74 de la Loi relative aux marchés publics. Le délai de 5 jours indiqué à l'art. 155 du Décret n°10/22 du 2 juin 2010 portant Manuel de procédures de la Loi relative aux marchés publics doit être corrigé car n'étant pas conforme à la loi.

187 Art. 74 de la Loi relative aux marchés publics et 155 du Décret n°10/22 du 2 juin 2010 portant Manuel de procédures de la Loi relative aux marchés publics.

Dans l'une ou l'autre hypothèse, le requérant est tenu d'observer ces délais préfix qui ne sont susceptibles d'aucune interruption ni suspension, le non-respect conduisant au rejet du recours.

Saisie d'un recours gracieux, l'autorité contractante a cinq jours pour y donner suite. Son silence est assimilé au rejet implicite du recours[188] et ouvre la voie au recours hiérarchique devant l'Autorité de régulation des marchés publics.

2. En cas de recours hiérarchique

Le recours gracieux non concluant donne droit à la victime de saisir, dans les trois jours ouvrables à compter de la réception de la réponse de l'Autorité contractante ou cinq jours de silence au recours gracieux, le comité de règlement de différends de l'autorité de régulation des marchés publics. Celui-ci se prononce dans le délai de quinze jours ouvrables à compter de la réception du recours, à défaut, la suspension d'attribution du marché est d'office levée[189].

Pour avoir été rendue au-delà du délai réglementaire, la décision du comité de règlement de différends de l'Autorité de régulation des marchés publics a été rejetée par la juridiction compétente (CSJ, 14 juin 2014, RA 1401, Aff. Société WEBB FONTAINE GROUP FZ-LLC contre la République démocratique du Congo)[190].

Aux fins de sa recevabilité par le comité de règlement de différends, le recours doit porter la marque de mémoire rédigé sous forme d'une lettre recommandée avec accusé de

188 Art. 156 du Décret n°10/22 du 2 juin 2010 portant Manuel de procédures de la Loi relative aux marchés publics.

189 Art. 158 du même décret.

190 Cinquième feuillet, inédit.

réception, ou déposée contre récépissé.[191] L'envoi par voie électronique est également autorisé.

Dans la préparation de son dossier, le requérant doit joindre à sa demande toutes les pièces jugées nécessaires y compris la décision attaquée et, éventuellement la réponse négative de l'autorité contractante ou, à tout le moins, la preuve du dépôt devant elle d'un recours préalable.

Au niveau de l'Autorité de régulation des marchés publics, la procédure est contradictoire parce qu'elle autorise l'audition de la personne responsable du marché ou toute autre personne désignée à cette fin par l'autorité contractante et, éventuellement sa confrontation avec le requérant. La pratique autorise l'assistance des conseils ou la simplification de la procédure par le simple échange des pièces et conclusions entre les parties.

On gardera à l'esprit qu'une réclamation portée devant l'autorité contractante au sujet de l'attribution provisoire du marché en suspend l'attribution définitive, de même, le recours introduit auprès de l'autorité de régulation des marchés publics entrave toute saisine de la juridiction compétente[192].

Indépendamment du recours juridictionnel éventuel, la décision du comité de règlement des différends clos la procédure d'attribution définitive du marché, elle est immédiatement exécutoire et opposable aux parties. Pour être déférée devant la juridiction compétente, la décision d'attribution du marché doit manquer de fondement, être constitutive d'un manquement aux règles de probité ou fausser l'équilibre de chances entre soumissionnaires.

---

191 Art. Voir annexe 1 du même décret.

192 Art. 55, al. 1er du Décret n°10/21 du 2 juin 2010 portant création, organisation et fonctionnement de l'Autorité de régulation des marchés publics.

D. Les comportements incitatifs au recours

Toute violation de la règle ou du principe de la commande publique est sanctionnée par la nullité de la procédure entreprise. Invoquée par l'organe chargé du contrôle, elle est passible de sanctions pénales prévues par la loi.

Les comportements susceptibles de faire l'objet de recours portent essentiellement sur les conditions de publication des avis, les règles relatives à la participation des candidats, aux capacités et garanties exigées, à la composition de la commission de passation des marchés publics et la non-conformité de documents d'appel d'offres[193].

Dans la pratique, ces manquements touchent essentiellement au dossier de consultation et à l'attribution du marché. Pour les carences relevées dans le dossier de consultation, il doit s'agir des actes enfreignant les règles sur la préparation et la gestion du marché, notamment les restrictions à la liberté d'accès à la commande publique, la non prise en compte de l'expertise et des compétences nationales, le non-respect de l'égalité de traitement des candidats et des soumissionnaires et de l'observance des règles d'éthique et de transparence.

Les irrégularités observées dans l'attribution du marché apparaissent bien souvent entre le dépôt des offres ou candidatures et l'annonce de l'attribution provisoire du marché. Elles couvrent la composition de la commission de passation des marchés publics et son impartialité, le non-respect de la règle de non cumul des fonctions de gestionnaire de projets et de passation, de celles de contrôleur et de régulateur de marché, la violation de la

---

193 Art. 153 du Décret n°10/22 du 2 juin 2010 portant Manuel de procédures de la Loi relative aux marchés publics.

publicité au moment de la réception et l'ouverture des offres, de la non transparence de la procédure d'approbation du marché et de la publication des résultats des analyses réalisées par la commission ad hoc. Constatées dans la procédure de passation des marchés publics et de délégations de service public, elles doivent être prouvées.

Section 3. Le contentieux d'exécution

L'exploitation du dispositif juridique formant le code des marchés publics congolais incite à reconnaitre la quasi-identité procédurale entre le contentieux d'attribution et celui d'exécution.

Au titre de convergences, on note la possibilité pour le cocontractant ou titulaire du marché d'introduire, à l'instar du soumissionnaire ou du candidat, une réclamation préalable devant l'autorité contractante, celle de saisir l'autorité hiérarchique ou contester la décision de l'autorité contractante auprès de celle de régulation des marchés publics.

A la différence du contentieux d'attribution, celui d'exécution ne rend pas obligatoire la saisine préalable de l'autorité administrative avant la juridiction de jugement. La nature du recours et celle de la décision de l'Autorité de régulation ne sont pas non plus les mêmes.

§1. Le contentieux administratif

L'identification du requérant permet d'inventorier les actes litigieux et les organes de contrôle, ainsi que la procédure contentieuse.

A. La qualité du requérant

On a pensé que seul le titulaire du marché bénéficie de la qualité du requérant, alors que nul ne doute de l'intérêt que le cocontractant, l'autorité contractante et le sous-traitant portent à l'exécution d'un marché public ou d'une délégation de service public.

1. Le titulaire du marché ou le cocontractant

Egalement appelée titulaire du marché, le cocontractant est partie à l'accord et justifié à introduire, en cas de préjudice subi, une réclamation auprès des instances habilitées à connaître du litige[194].

2. Le sous-traitant

Pour autant qu'il justifie un quelconque intérêt sur le marché et notamment sur son inexécution ou son exécution partielle ou insuffisante, le sous-traitant peut, en cas de préjudice, faire valoir ses droits selon les formes et procédures légales en vigueur.

3. L'autorité contractante

Le contrôle de l'exécution du marché public est principalement assuré par l'autorité contractante ou le maître d'ouvrage qui, dans l'exercice de ses prérogatives de puissance publique, peut s'assurer de l'exécution par le cocontractant de ses prestations contractuelles.

En raison de la technicité de certains marchés, leur exécution peut être confiée à une tierce personne, le fonctionnaire dirigeant[195]ou le maître d'œuvre[196], sans que l'autorité contractante soit privée de son droit de contrôle.

Distincte du marché initial, la maîtrise d'œuvre est conclue entre le maître d'ouvrage et le maître d'œuvre aux

---

194 Art. 75 et 76 de la Loi sur les marchés publics.
195 YUMA BIABA L, *Manuel de droit administratif*, p. 166.
196 Art. 5 de la Loi relative aux marchés publics.

termes de laquelle, le premier confie au second la réalisation de tout ou partie de ses services relevant de la définition, l'élaboration, l'exécution et la réception des prestations, objet du marché. Il porte sur l'exécution d'un ou plusieurs éléments de la mission confiée au maître d'ouvrage.

Au regard de son importance, ce contrat est soumis à une réglementation rigoureuse. Il peut, en effet, être conclu sans que ne soient préalablement réalisées les études d'avant-projet et de projet. L'assistance obligatoire du maître d'ouvrage au moment de la passation et la réception des marchés de travaux est un gage de leur correcte et parfaite exécution ; le maître d'ouvrage dirigeant personnellement l'exécution des travaux, l'ordonnancement, le pilotage et la coordination du chantier.

Pour ces types de contrat, il est exigé que les études d'exécution soient visées par l'entrepreneur sollicité, ce qui suggère qu'ils ne soient confiés qu'aux seuls hommes de l'art, mieux au fait des techniques architecturales.

Maître d'œuvre en la matière, l'Agence congolaise des grands travaux assure la coordination de l'ensemble des travaux de grandes constructions relevant de la compétence du ministère ayant l'infrastructure et les travaux publics dans ses attributions.

En plus de ce contrôle technique, le législateur prévoit un dispositif administratif capable de s'assurer de la bonne exécution des marchés publics. On étudiera successivement les organes chargés de la gestion et l'approbation des marchés ainsi que les mécanismes de contrôle.

B. Les actes litigieux

Une fois signé, le marché public doit être exécuté de bonne foi ; toute inexécution étant constitutive d'un manquement faisant naître un litige.

Plus qu'un simple règlement du litige né de l'application ou non des stipulations contractuelles, le contentieux porte également sur leur interprétation.

C. Les organes de contrôle

Une variété de personnes et organes interviennent dans l'administration et la gestion des marchés publics. Il s'agit de l'autorité contractante, de la Direction générale de contrôle des marchés publics, de l'Autorité de régulation et des autorités approbatrices[197].

1. L'autorité contractante

Personne morale de droit public, l'autorité contractante jouit également de la qualité de requérant au près des organes chargés de règlement amiable des différends.

Même si la loi ne précise pas les modalités de recours au service de l'autorité contractante, on note que les soumissionnaires, candidats ou titulaires du marché peuvent être sanctionnés à sa demande pour violation avérée de la réglementation sur la passation et l'exécution des marchés publics[198]. Pour agir en justice, l'autorité contractante doit être dotée de la personnalité juridique.

Structurée au niveau de chaque administration centrale (administrations ministérielles, services déconcentrés et auxiliaires), provinciale et celle des entités territoriales décentralisées, ainsi que leurs services auxiliaires, l'autorité contractante est présente dans les établissements publics, entreprises publiques et sociétés commerciales à participation publique majoritaire.

---

[197] Art. 16 de la Loi relative aux marchés publics.

[198] Art. 53.

Les organismes dont l'activité est financée ou garantie par l'État, les personnes morales de droit privé mandatées et bénéficiant du financement ou de la garantie de celles de droit public ont également la qualité d'autorité contractante.

Les représentations diplomatiques et consulaires de la République démocratique du Congo sont, entant que démembrement de l'administration du ministère des affaires étrangères et de la coopération internationale, fondées à passer les marchés publics.

De manière générale, le droit congolais des marchés publics s'applique à l'ensemble des personnes morales de droit public dotées de la personnalité juridique et de l'autonomie de gestion. Toutes ces personnes négocient et passent, dans les limites définies par la loi, les marchés publics et en contrôlent l'exécution.

Chargée de définir les projets publics relevant de sa responsabilité, de les préparer et d'en planifier la réalisation suivant la procédure d'attribution des marchés publics, l'autorité contractante veille à leur suivi et exécution[199]. Elle reçoit le recours des cocontractants et s'emploie à les solutionner à l'amiable.

2. La Direction générale de contrôle des marchés publics

La Direction générale de contrôle des marchés publics s'assure du respect par les autorités contractantes des procédures de passation des marchés publics.

En fonction de seuils requis, elle donne des avis de non objection sur les dossiers d'appel d'offres avant son

---

[199] Art. 76 de la Loi relative aux marchés publics et 55 al.2 du Décret n°10/22 du 2 juin 2010 portant Manuel des procédures de la Loi relative aux marchés publics

lancement à la concurrence, ainsi que ceux concernant le rapport d'analyse des offres avant l'attribution provisoire des marchés. Toute autorisation et dérogation prévue par la loi est accordée à la demande de l'autorité contractante par la Direction générale de contrôle des marchés publics.

Dans cette perspective, la Direction réserve copie à l'Autorité de régulation des marchés publics de toutes les demandes de non objection lui adressées, ainsi que les autorisations spéciales ou dérogations reçues des autorités contractantes. Cette obligation concerne également les copies des suites réservées aux demandes qui lui sont adressées.

Ce contrôle est requis lorsque le montant estimé du marché est égal ou supérieur à trois cent millions de francs congolais, pour les marchés de travaux ou de services et cent millions de francs congolais, pour les marchés de prestations intellectuelles[200].

3. L'Autorité de régulation des marchés publics

L'Autorité de régulation des marchés publics coordonne la politique de la commande publique, contrôle et gère les recours qui lui sont destinés. Elle exerce également les attributions coercitives[201].

La conduite des reformes et la modernisation des règles, procédures et outils de passation des marchés publics sont autorisées par elle, de même que la promotion et la mise en œuvre du dispositif d'éthique et d'intégrité morale dans ce secteur.

Produit par l'autorité de régulation des marchés publics, le dispositif réglementaire (avis, recommandations et

---

[200] Art. 11-15 du Décret fixant les seuils de passation des marchés publics
[201] Art. 14 de la Loi relative aux marchés publics.

procédures sur la passation des marchés publics) y relatif participe à la connaissance et la diffusion des documents, manuels de procédures et logiciels dont elle assure, par ailleurs, la mise à jour régulière[202].

L'Autorité de régulation des marchés publics procède aux audits externes ou internes, aux enquêtes sur la transparence et les conditions de régularité de la législation en la matière. Elle commande, à la fin de chaque exercice budgétaire, un audit indépendant sur un échantillon aléatoire des marchés publics et délégations de service public[203].

Gestionnaire du contentieux, elle reçoit et statue sur les recours touchant l'attribution des marchés et d'autres de nature précontractuelle définis dans son décret organique[204]. Elle prononce à l'encontre de tout candidat défaillant ou qui a enfreint la réglementation sur la passation et l'exécution des marchés publics, les sanctions prévues par la loi.

La loi reconnait à l'autorité de régulation des marchés publics le pouvoir d'organiser des formations continues dans les centres ou écoles de formation mis en place au niveau national, sous régional et international, le renforcement des capacités des acteurs impliqués[205] ; ce qui facilite le rapprochement du droit des marchés publics de ses destinataires.

Par son comité de règlement des différends, l'autorité de régulation des marchés publics joue un rôle déterminant dans le contrôle de la procédure de passation des marchés public et des délégations de service public[206]. La procédure

---

202 Art. 5 du Décret n°10/21 du 02 juin 2010 portant création, organisation et fonctionnement de l'Autorité de régulation des marchés publics.

204 Art. 6 du même Décret.

205 Art. 10 du même Décret.

206 Art. 5 de la loi relative aux marchés publics.

contentieuse qui s'y déploie est essentiellement celle de conciliation ou par attente mutuelle.

Les décisions de l'Autorité de régulation des marchés publics sont, en principe, dépourvues de toute contrainte[207]. Elles ne sont exécutoires et contraignantes à l'égard des parties que lorsqu'elles portent sur le contentieux précontractuel, celui de passation ou d'attribution des marchés publics[208].

4. Les autorités approbatrices des marchés publics

L'approbation d'un marché public valide la décision prise par l'autorité contractante. Elle n'a lieu qu'après avis favorable de la Direction générale de contrôle des marchés publics. Il est bien entendu que le défaut d'approbation annihile l'attribution provisoire du marché ou de la délégation de service public.

Les autorités approbatrices des marchés publics ayant été identifiées et leurs compétences étudiées, il importe d'indiquer simplement la procédure de contrôle instituée à cette fin.

D. La procédure contentieuse

Les différends nés de l'exécution du marché public sont résolus à l'amiable ou à défaut par la voie juridictionnelle. Il est donc conseillé de prévoir, en cas de litige, de faire appel à une tierce personne jouant au conciliateur pour amener les parties à une transaction. C'est la particularité de la procédure contentieuse organisée par la loi congolaise sur les marchés publics.

---

207 Art. 54 du Décret n°10/21 du 02 juin 2010 portant création, organisation et fonctionnement de l'Autorité de régulation des marchés publics.

208 Art. 54 du même Décret.

Assurée par le comité de règlement des différends, cette tâche vise à trouver une issue heureuse entre parties et aboutir ainsi à une solution amiable et équitable dans le litige qui les oppose. Pour ce faire, ce comité siège en fonction des faits dont il est saisi, soit sous forme de commission des litiges, soit comme celle de discipline[209].

A y regarder de près, la procédure vantée obstrue quelque peu celle de nature juridictionnelle dont elle suspend les délais de recours[210]. Il est donc conseillé de s'y référer avec prudence.

Facultatif, le recours administratif préalable ne constitue nullement une entrave réelle à la recevabilité d'un recours juridictionnel.

§2. Le contentieux juridictionnel

Tout litige non réglé suivant la procédure administrative préalable est porté devant la juridiction compétente[211] siégeant avec deux juges, l'un de droit commun pour s'assurer du respect par les parties des clauses contractuelles, et l'autre administratif, statuant sur le contenu du cahier des charges. En cas de pluralité d'intervenants et de connexion des questions à traiter, l'apport d'autres juges notamment judiciaire et répressif est indispensable.

Indispensable dans la moralisation des marchés publics[212], l'action du pouvoir judiciaire passe nécessairement par l'intervention du parquet et des juridictions compétentes.

---

209 Art. 52 du Décret n°10/22 du 2 juin 2010 portant Manuel de procédures de la Loi relative aux marchés publics.

210 Art. 55 du même Décret.

211 Art. 49 et s du même Décret.

212 FENECH G et PETIT P, *La moralisation des marchés publics*. p. 76.

A. L'intervention du parquet

Le législateur confère au parquet la mission traditionnelle de rechercher les infractions aux actes législatifs et réglementaires commises sur le territoire de la République. Il lui reconnait le pouvoir de mettre en mouvement l'action publique en recevant les plaintes et dénonciations contre toute personne qui enfreint la loi pénale.

Pendant l'enquête préjuridictionnelle, l'officier du ministère public rassemble les preuves, pose les actes d'instruction et de procédure, constate les infractions, soutient l'accusation et requiert les peines devant les juridictions de jugement.

Dans le cadre de la passation des marchés publics, l'action du parquet se cristallise par la répression des infractions liées à l'achat public ou celles qui sont susceptibles de s'y commettre.

La loi précise que toute infraction commise à l'occasion de la passation des marchés publics ou de délégations de service public soit punie du double de la servitude pénale prévue pour cette infraction, l'amende sera portée au montant qui ne dépassera pas cinquante millions de francs congolais[213].

Cette pénalisation est de portée relative dans la mesure où toutes les infractions susceptibles de se commettre dans le cadre de la passation des marchés publics ou délégations de service public ne sont pas toujours organisées et réprimées dans le code pénal.

Le manque de clarification qui affecte une catégorie particulière d'infractions, l'absence de réglementation pénale cohérente et l'insuffisance des incriminations de certains

[213] Art.77 de la Loi relative aux marchés publics.

actes rendent, ardue, en amont, la tâche du parquet et aléatoire, en aval, celle du juge pour que la participation du pouvoir judiciaire à l'effort de moralisation des marchés publics se trouve réduite.

On se gardera de considérer que, par une ingénierie légale, le droit pénal parvienne à remplacer celui administratif dans la censure de tous les abus commis ou susceptibles de l'être pendant ou à l'occasion de l'achat public; les deux types de règlementations acceptant parfois de faire partie de l'arsenal juridique qui favorise la naissance du droit des marchés publics tourné vers sa moralisation.

Ont particulièrement intéressé le législateur congolais dans ce domaine, le délit d'initié, le conflit d'intérêts, la prise illégale d'intérêts, le favoritisme, la corruption, le détournement de deniers publics, le faux et usage faux ainsi que le blanchiment des capitaux.

1. Le délit d'initié

Jadis inexistant dans l'arsenal juridique congolais, le délit d'initié y est apparu à la faveur de la Constitution du 18 février 2006 qui ne l'organise que pour le président de la République et le premier ministre.

Se fondant sur la Constitution, la loi sur les marchés publics punit le délit d'initié commis par le délégataire de service public, la personne chargée d'un service public ou investie d'un mandat électif, celle qui fournit ou fait usage des informations privilégiées détenues, en raison de ses fonctions ou de son mandat, dans le but d'influencer l'attribution du marché ou de la délégation de service public[214].

---

[214] Art. 78 al. 3 de la Loi relatives aux marchés publics.

Infraction matérielle, le délit d'initié se cristallise par l'utilisation illicite d'informations privilégiées par une personne qui en dispose à titre professionnel[215]. Il en est ainsi de la fuite organisée d'informations résultant de l'indiscrétion des membres dotés du pouvoir de passer les marchés ou de donner leurs avis.

L'information fournie dans ce cadre ne doit pas dériver des simples rumeurs non vérifiables, mais des données précises, telle la communication à un candidat du montant du budget du marché ou de la délégation de service public, voire la divulgation du besoin spécifique de l'administration couvert par le secret.

Le communicateur de l'information privilégiée doit s'assurer qu'en agissant ainsi, il favorise un candidat en compétition ; la faveur qu'il lui accorde consiste non pas à savoir ce que les autres ne savent pas ou en feront, mais plutôt d'en connaitre à l'avance.

Infraction intentionnelle, le délit d'initié ne se commet pas par omission ou négligence. La divulgation d'une information privilégiée doit avoir été faite dans le but d'influencer l'attribution du marché ou la délégation de service public.

Dans la pratique, il est parfois difficile de découvrir l'intention de l'auteur, mais les exigences de publicité, de transparence et d'égalité des candidats constituent des outils nécessaires à la détermination du mobil recherché par l'auteur de l'infraction.

On retiendra, pour rappel, que le délit d'initié n'est commis que par la personne investie de la qualité d'acheteur public, à l'occurrence l'autorité contractante (ministre, fonctionnaires ou agents contractuels, membres de la Cellule

---

215 VERON M, *Droit pénal des affaires*, Paris, 9è éd, Dalloz, 2011, p. 219.

de gestion des projets et des marchés publics), le délégataire de service public, la personne chargée du service public ou investie du mandat électif (membre des assemblées délibérantes) ou encore les personnes agissant pour le compte de celles susnommées (un architecte qui prépare le dossier et intervient dans le choix des entreprises de travaux).

Le cocontractant peut en être auteur, lorsqu'il fait usage d'informations privilégiées et/ou confidentielles dans le cadre de la procédure d'appel d'offres[216]. Il est, donc, l'initié, bénéficiaire des informations privilégiées avant qu'elles ne soient connues des autres candidats.

A l'exception de toute condamnation à la servitude pénale, la loi punit d'une amende de vingt-cinq à cinquante millions de francs congolais, toute personne qui sera coupable de délit d'initié. Cette peine concerne également les co-auteurs et les complices.

En droit français, le bénéficiaire de l'information privilégiée ne commet pas que le délit d'initié, mais du recel n'impliquant pas nécessairement la détention matérielle des valeurs recelées. Pour être coupable de délit d'initié, l'auteur doit faire usage de l'information privilégiée.

2. Le conflit d'intérêts

La loi définit le conflit d'intérêts à l'égard du membre de l'autorité contractante ou délégante qui prend part à la décision concernant le candidat ou le titulaire du marché avec lequel il est lié par des intérêts incompatibles à ceux de l'État[217]. Comme le délit d'initié, le conflit d'intérêts est une infraction à la fois matérielle et intentionnelle.

---

216 Art. 80 point 5 de la Loi relative aux marchés publics.

217 Art. 78, al.1er de la Loi relative aux marchés publics.

L'acte matériel de cette incrimination est commis par l'autorité contractante qui participe à la prise de décision concernant le candidat ou le titulaire du marché avec lequel elle est liée par des intérêts incompatibles et opposés à ceux de l'État.

Peu importe la nature de la décision à intervenir, il suffit que l'auteur de l'infraction prenne part active aux discussions ou réflexions qui précédent l'attribution du marché pour que le délit soit consommé. Il en est également de la personne qui donne son avis sur le dossier concernant le soumissionnaire avec lequel elle est liée par un intérêt incompatible à ceux de l'État.

Commis par une catégorie des justiciables spécifiquement déterminés par la loi, le conflit d'intérêts est intentionnel ; il découle de la connaissance par l'auteur de l'existence du lien entre les intérêts incompatibles. À l'exclusion des membres des organes de contrôle ou de régulation des marchés publics, cette infraction est imputable à l'autorité contractante et aux membres de la Commission de passation des marchés publics.

L'interdiction de prendre part à une décision conduisant à l'attribution du marché concerne également le directeur général et le directeur général adjoint ainsi que les administrateurs de l'Autorité de régulation des marchés publics, pour les marchés conclus avec ou au bénéfice de cette structure[218].

---

218 Art. 47 du Décret n°10/21 du 02 juin 2010 portant création, organisation et fonctionnement de l'Autorité de régulation des marchés publics.

L'auteur, co-auteur ou complice du conflit d'intérêts est puni de la même peine d'amende que celle prévue pour le délit d'initié et la prise illégale d'intérêts[219].

3. La prise illégale d'intérêts

La prise illégale d'intérêts existe, lorsque le fonctionnaire, agent public ou l'élu prend, reçoit ou conserve un intérêt dans une entreprise ou une opération dont il a, au moment de l'acte, la charge d'assurer la surveillance, l'administration ou la liquidation[220].

L'infraction existe dès lors que l'agent ou le fonctionnaire chargé de passer le marché ou exerçant un pouvoir d'administration, de surveillance ou de liquidation accepte de détenir ou recevoir un intérêt dans une entreprise ou une opération dans laquelle l'État détient également des intérêts. L'intérêt dont il est question peut être pécuniaire, politique, moral ou familial.

La prise illégale d'intérêts est intentionnelle : il suffit que l'agent prenne conscience de l'existence de l'intérêt litigieux pour que l'infraction soit consommée. Aussi, est-il conseillé au fonctionnaire ou agent concerné de se démettre de sa charge d'administration, de surveillance ou de liquidation de l'entreprise ou opération au sein de laquelle il détient un intérêt particulier.

Il est admis que la bonne foi du fonctionnaire ou agent soit sans influence majeure dans la cristallisation de l'infraction, celle-ci se réalisant par le seul abus de fonction, en l'absence de toute intention frauduleuse révélée.

La qualité de l'auteur de l'infraction est, en revanche, déterminante dans l'appréciation de la prise illégale

---

219 Art. 78, al.1er de la Loi relative aux marchés publics.
220 Art. 78 de la Loi relative aux marchés publics.

d'intérêts : il doit s'agir d'un agent ou fonctionnaire assumant au sein de l'entreprise une mission d'administration, surveillance ou liquidation et, à tout le moins, d'un élu.

Le législateur indique que toute infraction commise à l'occasion de la passation de marchés publics ou délégations de service public soit punie du double de la servitude pénale prévue pour cette infraction[221]. Il s'agit notamment du favoritisme, de la corruption, du détournement de deniers publics ou du faux et usage de faux.

4. L'octroi des avantages injustifiés ou le favoritisme

L'octroi des avantages injustifiés est souvent assimilé au délit d'initié, le candidat concerné ayant été favorisé aux dépens des autres. Plus qu'un délit d'initié, le favoritisme se réalise à toutes les étapes du processus de passation des marchés publics ou de la délégation de service public. Il est, d'ailleurs, qualifié de « délit phare »[222].

Commet également le favoritisme, le titulaire du marché qui, en l'absence de tout contrôle, exécute les travaux ou réalise un ouvrage non conforme au standard requis avec l'idée qu'il sera reçu, sans condition, par le fonctionnaire habilité.

L'auteur, co-auteur et complice du favoritisme est puni d'une amende dont le montant ne peut dépasser cinquante millions de franc congolais.

---

221 Art. 77 de la Loi relative aux marchés publics.

222 PREBISSY C, *La pénalisation du droit des marchés publics*, Paris, LGDJ, 2002, p. 35.

5. La corruption

Dans chaque État, la commande publique mobilise autant d'énergies que de fonds dont l'origine et l'utilisation prennent bien souvent la direction opposée à laquelle elles sont pourtant attendues.

Comportement répréhensible, la corruption se présente comme une attitude qui consiste à solliciter, agréer ou recevoir des offres, promesses, dons ou présents à des fins d'accomplissement ou d'abstention d'un acte, d'obtention de faveurs ou avantages particuliers.

Par ses diverses manifestations, la corruption aboutit bien souvent à la dissimulation de l'identité de la victime qui, dans le même temps, en est auteur, co-auteur ou complice. Dans l'un comme l'autre cas, la corruption est, soit active lorsqu'elle est réalisée par le corrupteur, soit passive lorsqu'elle est admise par le corrompu.

Bien qu'absente dans le dispositif juridique réprimant les déviations en matière de passation, de gestion et d'exécution des marchés publics, la pratique est bien régie par la législation pénale ordinaire. Dans le secteur de la commande publique, elle côtoie régulièrement le comportement des fonctionnaires publics, des personnes chargées d'un service public ou parastatal, des officiers publics et des personnes représentant les intérêts de l'État ainsi que des arbitres ou experts commis en justice[223].

Infraction de droit commun, la corruption conserve quelques spécificités dans le domaine de la commande publique. Elle peut être active ou passive. Une corruption est

---

[223] Décret du 30 juin 1940 portant Code pénal congolais tel que modifié et complété à ce jour au 30 novembre 2004, *Journal Officiel de la République démocratique du Congo*, n° spécial du 30 novembre 2004, p. 19.

dite active, lorsque l'entreprise demande directement ou indirectement à un décideur public d'accomplir ou de s'abstenir d'un acte de sa fonction, de sa mission ou de son mandat. Le décideur qui accorde les facilités en contrepartie de promesses faites, présents, dons ou offres reçus se rend coupable de la corruption.

La corruption passive oblige le décideur public à marchander, sans droit ni titre, le service qu'il est pourtant appelé à rendre. Intervenant à tout de l'accomplissement d'un acte relevant de sa fonction ou sa charge, le fonctionnaire se voit obligé de « rendre service » en échange de promesses, dons, présents ou offres[224].

Dans la pratique, la corruption se manifeste de plusieurs manières, telles l'octroi de dons ou offres, la retenue d'une partie de sommes destinées au paiement du prix convenu dans le contrat. Sont aussi constitutifs de corruption, la pratique de collusion, de dessous de table ou pots de vin.

En tout état de cause, l'infraction de corruption est punie de quinze ans de servitudepénale principale et d'une amende de cinq cent milles à un million de francs congolais. [225]Ces peines sont portées au double, lorsque l'infraction est commise dans le domaine de l'achat public.

Dans ce domaine justement, la corruption concerne les actes commis en vue de gagner le marché en violation de la procédure d'appel d'offres et de seuils fixés par la législation en matière de passation des marchés de gré à gré. Elle intéresse l'autorité contractante et l'organe chargé de contrôle et de régulation des marchés publics.

---

224 EMERY C, *Passer un marché public. Principes, procédures et contentieux*, pp. 377-378.

225 Art. 149 du Code pénal congolais.

6. Le détournement de deniers publics

Souvent présent dans le processus de passation et de gestion des marchés publics ou de délégations de service public, le détournement de deniers publics apparaît comme le carrefour de plusieurs incriminations ayant un fond commun, l'appropriation privée des ressources destinées à la réalisation des besoins communautaires. Il poursuit la réalisation d'un gain injuste en considération de la situation financière représentée par la commande publique.

Organisé par la loi pénale[226], le détournement de deniers publics est une infraction matérielle et intentionnelle. L'incrimination suppose l'existence d'une faute commise par un fonctionnaire ou dépositaire de l'autorité publique à qui l'argent ou les biens ont été remis à l'occasion de l'exercice de ses fonctions.

La remise doit, ensuite, avoir été faite, soit par l'État ou une autre collectivité publique, soit par les particuliers (administrés, redevables, contribuables), soit encore par les utilisateurs d'un service public.

Le fonctionnaire ou dépositaire de l'autorité publique doit avoir connaissance que les fonds ou biens mis à sa disposition sont, enfin, destinées à l'achat public et qu'il en a fait une utilisation privée.

En principe, le détournement de deniers publics ne vise que le fonctionnaire bénéficiant du statut de la fonction publique. Dans le cadre des marchés publics, cependant, on admet qu'il soit imputable aux agents des personnes morales de droit public, aux personnels des personnes morales de droit privé ou d'utilité plus au moins publique et aux particuliers ayant un lien à ces derniers.

---

[226] Art. 145, 145 bis et ter du Code pénal congolais.

Les victimes du détournement peuvent être l'État, ses services déconcentrés et auxiliaires. C'est également les provinces, les entités territoriales décentralisées et leurs services auxiliaires, les établissements publics ainsi que les sociétés commerciales à participation publique majoritaire, les organismes créés par l'État et dont l'activité est financée ou garantie par lui[227]. Les personnes morales de droit privé mandatées et bénéficiant du financement ou de la garantie des personnes morales de droit public peuvent être aussi victimes de cette infraction.

Les particuliers peuvent être victimes des actes émanant des fonctionnaires commis à l'occasion de la passation et la gestion des marchés publics ou de la délégation de service public. C'est le cas notamment de l'entreprise dont l'agent chargé de la paie du prix convenu en contrepartie des prestations réalisées décide d'en soustraire la totalité ou une partie de la somme qu'il doit au cocontractant.

Commis dans le cadre des marchés publics, le détournement est puni du double de servitudes pénales prévues par le code pénal.

7. Le faux et usage de faux

Le législateur a pris soin d'organiser la répression des infractions de faux et d'usage de faux. Commises à l'occasion des marchés publics ou de délégations de service public, ces incriminations constituent des actes d'improbité[228]. On admet que le faux en écriture est l'altération de la vérité contenue dans un écrit avec l'intention frauduleuse ou à dessein de nuire.

---

[227] Art. 3 du Décret n°10/22 du 2 juin 2010 portant Manuel des procédures.de la Loi relative aux marchés publics.

[228] Art. 80 point 2 de la Loi relative aux marchés publics.

L'altération de la vérité consiste en la modification frauduleuse d'un écrit ou son contenu avec l'intention, soit de procurer un profit, un avantage ou un bénéfice indû à soi-même ou à un tiers, soit de nuire à autrui. Elle doit porter préjudice à autrui ou susceptible de le porter. Il n'est pas nécessaire que le préjudice soit réalisé ; il suffit que, lors de l'acte, il ait été possible.

L'entreprise peut également résulter de l'apposition d'une fausse signature (imitation de signature d'autrui), de la surcharge, la rature ou la biffure, l'ajout avant paiement sur des factures approuvées pour fournitures reçues, soit en chiffres, soit en lettres des quantités de marchandises et prix correspondants, dépassant largement la réalité ou la fabrication de conventions. En agissant ainsi, l'agent crée un titre renfermant une convention, obligation, disposition, décharge au préjudice de celui à qui il l'attribue[229].

L'altération de la vérité n'est constitutive de faux que dans la mesure où l'agent a agi avec connaissance que son acte est susceptible de nuire à autrui ou de procurer un bénéfice illicite, soit à l'auteur, soit au tiers.

L'utilisation frauduleuse d'un faux acte ou d'une fausse pièce cristallise l'infraction d'usage de faux. À la différence du faux qui est punissable dès la confection de l'acte, indépendamment de ce que l'on en fera, l'usage de faux n'est répréhensible que dans la mesure où l'auteur en fait usage ou tente de le faire.

Il suffit que l'agent fasse usage d'un écrit dont il connait faux ou falsifié au préjudice d'un tiers ou pour se procurer un avantage illicite pour que l'infraction soit retenue.

---

229 KATUALA KABA KASHALA, *Code pénal annoté*, Kinshasa, Cour suprême de justice, 1981.

8. Le blanchiment des capitaux

Très difficile à appréhender à cause de ses différentes ramifications préjudiciables à la bonne et rationnelle gestion des finances publiques, le blanchiment a fait l'objet de nombreuses réflexions[230]. Il détruit l'activité économique en dissimulant l'origine délictuelle des biens et revenus dont on se sert plus tard pour la réalisation des objectifs illicites.

Prévu et réprimé par la loi, le blanchiment des capitaux est formé par le seul fait de se livrer à la conversion, au transfert ou à la manipulation des biens dans le but, soit d'en cacher l'origine illicite, soit d'aider l'infracteur à échapper ou à contourner sa responsabilité pénale. Constitue également un acte de blanchiment, le fait d'apporter un concours au placement, à la dissimulation ou la conversion d'un produit d'origine infractionnelle.

Le blanchiment cache donc la nature, l'origine, l'emplacement, la disposition, le mouvement ou la propriété réelle des biens, telle l'acquisition, la détention ou l'utilisation illicite des biens dont on connait l'origine délictuelle.

Infraction intentionnelle, il cohabite allégrement avec d'autres comme le conflit d'intérêts, le délit d'initié et la prise illégale d'intérêts. Dans le domaine de la commande publique, la sous-traitance, la co-traitance et le nantissement lui servent, par ailleurs, de terrain d'expérimentation, mieux d'expression.

---

230 JEREZ O, *Le blanchiment de l'argent,* Paris, éd. de la Banque, 2003, VERNIER E et JEREZ O, *La lutte contre le blanchiment de l'argent et le financement du terrorisme*, Paris, La Revue de la Banque, 2003, KOUTOUZIS M et THONY J.-F, *Le blanchiment,* Paris, PUF, Coll. Que sais-je ? 2005 et HAYE ROSSELL P, *Le rôle du notaire dans la lutte contre le blanchiment de capitaux*, Paris, Déferions, 2008.

Une fois consommée, l'infraction de blanchiment des capitaux est punie d'une servitude pénale de cinq à dix ans, elle relève en principe de la compétence du tribunal de grande instance. En raison de son impact sur l'activité économique, le phénomène est une incrimination à la législation économique et commerciale sollicitant du coup l'intervention du tribunal de commerce[231] ; le tribunal de grande instance ne pourra en être compétent que là où le tribunal de commerce n'est pas encore installé.

B. Le contrôle exercé par les juridictions compétentes

Dans le cadre des investissements productifs et, plus généralement, celui de l'amélioration du climat des affaires, la sécurité juridique et judiciaire devient, pour chaque pays, une exigence pour le soutien de la politique gouvernementale.

Au regard de nombreux comportements et mauvaises pratiques qui s'y déploient, la sollicitation du pouvoir judiciaire apparait inévitable, ses décisions étant de nature à décourager des actes de criminalisation de l'économie nationale.

Dans la pratique, on observe que l'activité du pouvoir judiciaire est bien souvent en deçà des attentes, les défis auxquels elle est confrontée étant de nature diverse. Seul, en effet, le courage du juge peut contribuer à la moralisation d'un secteur dont l'angélisme est bien difficile à espérer.

Sont ainsi conviés à cette entreprise, le juge administratif, celui judiciaire et, naturellement, pénal.

---

231 En vertu de l'article 17 de la Loi n°002/2001 du 03 juillet 2001 portant création, organisation et fonctionnement des tribunaux de commerce.

1. Le juge administratif

Juge de la légalité, le juge administratif s'assure de la conformité à la loi des décisions des personnes revêtues de la puissance publique et, plus généralement, celles des autorités administratives. Il en mesure et apprécie la proportionnalité et, dans le cadre du contrat administratif, celle des actes détachables.

La légalité administrative est de portée générale, elle impose la conformité à la loi des actes administratifs, mais également celle des actes des autorités inférieures à ceux du rang supérieur.

Prononcée par le juge, la sanction aboutit, soit à l'annulation de l'acte incriminé, soit à la condamnation de son auteur à la réparation du préjudice causé. Juge de pleine juridiction et d'excès du pouvoir, le juge administratif poursuit le respect par l'administration de la hiérarchie des normes, la validité du contrat ou de certaines de ses clauses qui en sont divisibles et assorties, le cas échéant, de demande indemnitaire[232].

Le droit positif congolais organise le contrôle juridictionnel des actes administratifs devant le Conseil d'État, les Cours administratives d'appel et les tribunaux administratifs.

Le Conseil d'État juge, en premier et dernier ressort, les recours pour violation de la loi formés contre les actes, règlements et décisions des autorités administratives centrales et, en appel, ceux introduits contre les décisions des Cours administratives d'appel.

Il connait, dans le cas où il n'existe pas d'autres juridictions compétentes, des demandes d'indemnisations

---

232 LAJOYE C, *Droit des marchés publics*, p. 329.

relatives à la réparation d'un dommage exceptionnel, matériel ou moral résultant d'une mesure prise par les autorités de la République. Cette juridiction se prononce en équité, en tenant compte de toutes les circonstances d'intérêt public ou privé.[233]

La Cour administrative d'appel est, quant elle, compétente pour connaitre des recours en annulation des actes des autorités provinciales, locales et des organismes placés sous leur tutelle.

En attendant l'installation effective des juridictions administratives prévues par la Constitution, la section administrative de la Cour suprême de justice et celle de la Cour d'appel en font office.

Saisie par requête du 5 mars 2014 de la société de droit libanais dénommée WEBB Fontaine Group FZ-LLC sollicitant l'annulation, pour violation de la loi relative aux marchés publics, de la décision du ministre de l' économie et du commerce[234] attribuant, sans juste motif, le contrat relatif à la mise en place et la gestion d'un guichet unique du commerce au Groupe BIVAC-SOGET, la Cour suprême de justice, section administrative, siégeant comme Conseil d'État a, en date du 13 juin 2014, rendu l'arrêt RA 1401 décrétant, pour inexistence de la décision attaquée, l'irrecevabilité de la demande.

Se fondant sur l'ordonnance-loi n°82-017 du 31 mars 1982 relative à la procédure devant elle[235], le Décret du 2 juin 2010[236]portant Manuel des procédures de la Loi relative aux

---

233 Art. 155, al. 1, 2 et 3 de la Constitution.

234 Contenue dans un communiqué de presse n°43/10/13 de la réunion de la troïka stratégique du dimanche 6 octobre 2013.

235 Art. 88.

236 Art. 20 et 21.

marchés publics et celui du 28 décembre 2010[237]fixant les seuils de passation, de contrôle et d'approbation des marchés publics, la juridiction administrative suprême rappelle qu'aucune demande en annulation n'est recevable si le requérant n'a pas, au préalable, introduit, dans les trois mois qui suivent la date de la publication à lui faite personnellement de l'acte entrepris en réclamation auprès de l'autorité compétente tendant à voir rapporter ou modifier cet acte.

Elle relève que, contre la décision d'attribution provisoire du marché public, un recours gracieux non concluant a été introduit auprès de l'autorité contractante, puis de tutelle, la réclamation initiée a été rejetée, l'auteur s'étend résolu de porter l'affaire devant le comité de règlement des différends de l'Autorité de régulation des marchés publics dont la décision est intervenue en dehors du délai exigé ; ouvrant ainsi la voie à l'attribution définitive du marché par l'autorité compétente.

En l'absence, toute fois, de la preuve de notification personnelle de la décision d'attribution définitive du marché par l'autorité compétente, en l'espèce le premier ministre, le juge a rejeté la requête formulée contre la décision du ministre de l'économie et du commerce.

Dans le domaine de la commande publique, on admet que la juridiction saisie de contestation de la décision d'attribution du marché soit compétente pour prononcer, à la demande de l'établissement public chargé de régulation des marchés publics, la déchéance définitive d'un entrepreneur, fournisseur ou prestataire de service public qui se sera rendu coupable d'acte d'improbité[238].

Constitue un acte d'improbité, le fait :

---

[237] Art. 17 et 19 premier tiret.

[238] Art. 81, al. 4 de la Loi relative aux marchés publics.

- de se rendre coupable de collusion avec des tiers aux fins d'établir des offres de prix à des niveaux artificiels et non concurrentiels, au préjudice de l'autorité contractante ;
- de procéder à la surfacturation et/ou à la fausse facturation ;
- de tenter d'influencer l'évaluation des offres ou les décisions d'attribution, notamment en proposant un paiement ou tout autre avantage indû ;
- d'être reconnu, par un jugement coulé en force de chose jugée, responsable de manquement à des obligations contractuelles lors de l'exécution des marchés antérieurs ;
- de fournir des informations fausses, de faire des déclarations mensongères ou de faire usage d'informations privilégiées et/ou confidentielles dans le cadre de la procédure d'appel d'offres ;
- de se livrer à des actes de corruption et aux manœuvres frauduleuses.[239]

2. Le juge judiciaire

Le marché public est un contrat synallagmatique soumis à la règle de réciprocité, les droits d'une partie induisant les obligations de l'autre. La violation d'une stipulation contractuelle étant de nature à préjudicier les intérêts de la partie lésée, l'autre peut engager sa responsabilité civile devant le juge judiciaire.

En règle générale, les recours portés sur le contentieux de réparation du préjudice dû à la responsabilité contractuelle ou délictuelle sont de la compétence du juge de droit commun. On admet, par ailleurs, que pour une faute commise à l'occasion de la passation d'un marché public, la condamnation pénale puisse conduire à la réparation civile du préjudice causé. Le juge judiciaire est donc autorisé d'ordonner la confiscation des garanties constituées par

[239] Art. 80, al. 2 de la Loi relative aux marchés publics.

l'entreprise et son exclusion de la commande publique pour une durée ne dépassant pas cinq ans. Cette sanction sera définitive en cas de récidive.

3. Le juge répressif

La loi sur les marchés publics organise la pénalisation du contrat ayant pour objet la commande publique. En l'absence des délais uniformes permettant d'enclencher l'action répressive pour chaque incrimination, le Décret portant création de l'Autorité de régulation des marchés publics a simplement retenu celui de quinze jours[240], pour saisir, en cas d'absence de décision de la Commission de litige, le juge répressif. Ce délai est augmenté de trente jours suivant l'introduction du recours administratif ou le défaut d'un règlement amiable[241].

Contrairement au juge civil, celui répressif se doit d'être actif, il est aidé dans son entreprise par l'action du parquet. Sa décision doit être légale, juste et motivée. En tout état de cause, la saisine de la juridiction répressive est subordonnée au respect des règles de la procédure pénale ordinaire et d'un procès équitable.

Il demeure que l'absence de saisine ou les hésitations à saisir le juge pénal en répression des infractions commises dans le cadre de passation des marchés publics et des délégations de service public renforce la conviction que le secteur est miné et se prête à la permanence des pratiques en marge des règles établies.

---

240 Art. 55 du Décret n°10/21 du 02 juin 2010 portant création, organisation et fonctionnement de l'Autorité de régulation des marchés publics.

241 Art. 193 du Décret n°10/22 du 2 juin 2010 portant Manuel des procédures.de la Loi relative aux marchés publics.

§3. Le contentieux politique

La gestion du processus de passation et d'exécution des marchés publics peut donner lieu à la responsabilité politique et/ou pénale d'un membre gouvernement ou du gestionnaire d'une entreprise publique, un établissement ou service public.

La Constitution précise que, conduite par le gouvernement, la politique de la Nation est définie en concertation avec le président de la République. Le gouvernement est responsable devant l'Assemblée nationale[242]à travers la question orale ou écrite, avec ou sans débat, suivi du vote, l'interpellation, la commission d'enquête, la question d'actualité, l'audition par les commissions[243], la motion de défiance ou de censure[244].

Moyens d'information de l'Assemblée nationale, les questions orales et écrites sont sommairement rédigées et signées par les auteurs, leur objet défini et bien circonscrit. Adressée aux membres ou aux gestionnaires d'une entreprise publique, un établissement ou service public, la question orale ou écrite peut porter sur la politique générale du gouvernement. Dans ce cas, c'est le premier ministre qui en est le destinataire. Avec ou sans débat, la question orale ou écrite ne conduit pas à la démission du gouvernement ou d'un de ses membres[245].

A la différence d'une question écrite qui peut être posée pendant ou en dehors des sessions parlementaires[246], celle

242 Art. 91, al. 1, 2 et 5 de la Constitution du 18 février 2006.

243 Art. 152 du Règlement intérieur de l'Assemblée nationale du 23 novembre 2006, *Journal Officiel de la République démocratique du Congo*, numéro spécial du 20 février 2007.

244 Art. 146 et 147 de la Constitution du 18 février 2006.

245 Art. 161 du Règlement intérieur de l'Assemblée nationale.

246 Art. 165 du Règlement intérieur de l'Assemblée nationale.

orale n'a lieu qu'en dehors de la session[247]. Lorsque l'auteur de la question orale ou écrite n'est pas satisfait de la réponse donnée, il peut la transformer en une interpellation[248].

Assimilée à une demande d'explications, l'interpellation est adressée au gouvernement ou aux gestionnaires des entreprises publiques, établissements et services publics les invitant à se justifier, selon le cas, sur l'exercice de leur autorité ou la gestion d'une entreprise publique, un établissement ou service public.

Intervenant à tout moment de la session ordinaire[249], l'interpellation donne lieu, en cas d'approbation de son objet, à un débat au sein de la plénière de l'Assemblée nationale. Ses conclusions peuvent comporter, le cas échéant, des recommandations ou des motions transmises, selon le cas, au président de la République, au premier ministre, au ministre de tutelle par le bureau de l'Assemblée nationale dans les soixante-douze heures suivant la clôture du débat.

Au cas où les recommandations contiennent des propositions de sanctions et que, dans les trente jours qui suivent la transmission du rapport au président de la République, premier ministre ou ministre de tutelle, aucune sanction n'est prise, le président de l'Assemblée nationale saisit, conformément à la loi, l'autorité judiciaire compétente[250].

Au sujet de l'interpellation, on note qu'au cas où l'interpellé n'y défère pas ou se présente après le délai indiqué, le bureau de l'Assemblée nationale adresse un rapport circonstanciel approuvé par la plénière avec des

247 Art. 160 du Règlement intérieur de l'Assemblée nationale.
248 Art. 159 et 171 du Règlement intérieur de l'Assemblée nationale.
249 Art. 171, al.2 du Règlement intérieur de l'Assemblée nationale.
250 Art. 176 du Règlement intérieur de l'Assemblée nationale.

recommandations, selon le cas, au président de la République (si l'interpellé est premier ministre), au premier ministre (pour le ministre) ou le ministre de tutelle (pour le gestionnaire d'une entreprise publique, établissement ou service public).[251]

L'Assemblée nationale peut créer une commission d'enquête en vue de recueillir les informations sur la gestion administrative, financière et technique du gouvernement, d'une entreprise publique, un établissement ou service public[252].

Sauf en période de vacances parlementaires et en cas d'urgence où cette tâche est assurée par le bureau de cette chambre parlementaire, il peut être créé, en toute session, une commission d'enquête[253].

A l'instar de l'Assemblée nationale, la commission peut déférer en justice les auteurs des faits répréhensibles constatés lors de l'enquête. Dans ce cas, son président ou celui de l'Assemblée nationale saisit l'autorité judiciaire compétente[254].

La question d'actualité est une demande écrite adressée par un député au gouvernement, au gestionnaire d'une entreprise publique, un établissement ou service public en vue d'obtenir des éclaircissements sur certains problèmes de l'heure qu'il juge importants.

Signée de son auteur, la question d'actualité doit être précise. Débattue en plénière, elle ne donne pas lieu au vote, ni à une quelconque sanction[255].

---

251 Art.177 du Règlement intérieur de l'Assemblée nationale.
252 Art.178 et 180 du Règlement intérieur de l'Assemblée nationale.
253 Art. 180, al. 2 et 3 du Règlement intérieur de l'Assemblée nationale.
254 Art. 185 du Règlement intérieur de l'Assemblée nationale.
255 Art. 169 -170 du Règlement intérieur de l'Assemblée nationale.

Les commissions permanentes assurent, en plus de leurs attributions législatives, l'information de cette chambre parlementaire aux fins de l'exercice par elle de son contrôle sur la politique gouvernementale ou la gestion des entreprises publiques, établissements ou services publics. Cette tâche est accomplie au moyen de l'audition des membres du gouvernement et des gestionnaires des entreprises publiques, établissements ou services publics[256].

Les auditions en commissions et missions d'information donnent lieu aux rapports distribués aux députés et publiés, si la commission en fait la demande. Par la suite d'une pétition, ce rapport peut donner lieu à un débat sur décision de la conférence des présidents. Dans ce cas, le débat se déroule selon la procédure prévue pour les questions orales, le président de la commission faisant office de l'auteur de la question[257].

L'Assemblée nationale met en cause la responsabilité politique du gouvernement par le vote d'une motion de censure et celle d'un membre du gouvernement par celui de la motion de défiance[258].

Adoptée à la majorité absolue des membres composant l'Assemblée nationale, la motion de censure ou de défiance entraîne, selon le cas, la démission du premier ministre ou du membre du gouvernement[259].

Organe délibérant de la province, l'Assemblée provinciale contrôle l'action du gouvernement provincial ainsi que les

---

256 Art. 189, al.1er du Règlement intérieur de l'Assemblée nationale.

257 Art. 192 du Règlement intérieur de l'Assemblée nationale.

258 Art. 146, al.2 de la Constitution et 196, al. 1er du Règlement intérieur de l'Assemblée nationale.

259 Art.147 de la Constitution et 196, al. 5 et 197 du Règlement intérieur de l'Assemblée nationale.

services publics provinciaux et locaux[260], notamment par l'adoption de motion de censure ou de défiance[261], selon que ce moyen de contrôle est dirigé contre l'ensemble du gouvernement provincial ou l'un de ses membres.

§4. Le contentieux financier

Le législateur organise le contrôle financier de l'activité du gouvernement, des entreprises publiques, établissements et services publics. Il est exercé par la Cour des comptes et l'Inspection générale des finances.

Organe technique du parlement, la Cour des comptes contrôle la gestion des finances de l'État, les biens publics ainsi que les comptes des provinces, entités territoriales décentralisées et organismes publics.

Remis au président de la République, au parlement et au gouvernement, le rapport annuel sur le contrôle de la cour des comptes est publié au journal officiel[262].

Exerçant un pouvoir général et permanent de contrôle de la gestion des finances et biens publics ainsi que ceux des établissements publics, la cour des comptes est notamment chargée d'examiner le compte général du trésor, ceux des comptables publics, de contrôler et vérifier la gestion et les comptes des établissements publics.

Service d'audit supérieur du gouvernement, l'Inspection générale des finances s'assure du contrôle des finances et des biens publics, à l'exception de siens et ceux de l'Assemblée

---

260 Art.197, al. 1er de la Constitution du 18 février 2006.

261 Art. 198, al. 8 de la Constitution du 18 février 2006.

262 Art. 180 de la Constitution du 18 février 2006 et 21-22 de l'Ordonnance-Loi n°87-005 du 06 février 1987 fixant la composition, l'organisation et le fonctionnement de la Cour des Comptes.

nationale[263]. Elle vérifie la correcte utilisation des finances publiques et la gestion des biens de l'État et accomplit toute enquête ou mission de contrôle, de vérification, de contre-vérification et de surveillance des régies financières de l'État et de tous les autres services, organismes ou établissements publics ordonnée, soit sur instruction du président de la République, soit sur réquisition des autorités politiques et administratives, soit encore sur celle des autorités judiciaires ou sur dénonciation des tiers[264].

En vue de la traçabilité et transparence du processus de passation, d'exécution et de gestion des marchés publics par les régies financières, services, organismes ou établissements publics, le contrôle de l'Inspection générale des finances est une garantie du contrôle politique, administratif ou juridictionnel des gestionnaires publics.

---

263 Art. 2 et 2 bis de l'Ordonnance n°87-323 du 15 septembre 1987 portant création de l'Inspection générale des Finances.

264 Art. 12 de l'Ordonnance n°87-323 du 15 septembre 1987.

CHAPITRE V

LES PRATIQUES EN MARGE DES RÈGLES APPLICABLES AUX MARCHÉS PUBLICS

L'apport des marchés publics dans le budget de l'État est, pour chaque pays, un indicateur significatif de développement. De plus en plus évoquée dans les relations économiques et financières, la commande publique s'impose plus que jamais comme tempérament au principe d'annualité souvent exigé dans la loi des finances : elle en réduit, par moments, l'efficacité.

Cette réalité constitue pour une catégorie spécifique des marchés publics un cadre débordant les limites budgétaires initiales pour offrir à la commande publique un aréopage au seul service de la pluri annualité. La constatation est réelle pour que le législateur s'oblige à assurer au secteur une protection spéciale. Bien aménagé, le dispositif juridique est capable de briser les dérapages fréquemment imposés au processus de passation, d'attribution, d'exécution et de contrôle des marchés publics.

Dans la pratique cependant, on assiste à la montée en puissance des pesanteurs qui réduisent l'efficacité et, partant, la rentabilité des marchés publics pour qu'on se pose finalement la question de l'utilité et de l'avenir du droit des marchés publics.

Section 1 : L'efficacité réduite du droit des marchés publics

Soumis au formalisme, le processus de passation et de gestion de la commande publique sollicite des acteurs impliqués le respect des règles et procédures établies. Il renforce, en même temps, l'efficacité et la rentabilité de l'action gouvernementale.

On doit, néanmoins, reconnaitre que la violation des règles établies convainc de la distance, par moments, perceptible entre les objectifs des marchés publics et la direction qui leur est quotidiennement imposée.

§1. La violation des règles établies

La recherche effrénée des avantages illicites éloigne bien souvent la commande publique de son objectif initial, à savoir la satisfaction des intérêts communautaires. Le droit qui la régit en subit le coup à cause certainement du bornage de son cadre d'expression.

Loin de se limiter à la seule présentation technique du processus d'organisation et de gestion de la commande publique, le droit des marchés publics évalue, au regard des enjeux économiques et financiers en présence, le respect des règles et procédures établies. Il participe à la croissance et la promotion des entreprises innovantes, ainsi qu'à l'amélioration du climat des affaires.

Cet optimisme, quelque peu béat, se trouve chaque jour contrarié par des pratiques qui éloignent la discipline de ses ambitions et retardent le bénéfice dont les citoyens sont sensés en tirer.

Le déclin programmé du droit des marchés publics trouve, en République démocratique du Congo, un terrain de prédilection dans la distance qui s'observe entre le dispositif juridique mis en place et la pratique quotidienne.

Qu'il s'agisse, de la constitution et la gestion des dossiers d'appel d'offres, l'attribution et l'exécution des marchés publics, on est singulièrement frappé par le degré relativement élevé des aléas imposés aux règles et principes de la commande publique. L'intrusion du bureau central de coordination dans l'attribution et la gestion d'une catégorie des marchés renforce l'idée que le droit congolais des marchés publics se prête à connaitre un recul.

A. La constitution et la gestion des dossiers d'appel d'offres

De toutes les activités de la vie socio-économique d'un pays, celle liée aux marchés publics mobilise d'importants capitaux indispensables au développement du pays. Il est dès lors conseillé de lui gratifier d'une réglementation qui assure, autant que possible, la protection de l'intérêt général. Il est bien entendu que le non-respect du dispositif juridique mis en place soit une raison pour justifier la mauvaise gestion des ressources publiques.

Tout en demeurant redevable du respect des règles et procédures arrêtées, la vitalité de la commande publique est quelque peu contrariée par diverses résistances au service d'une opacité organisée.

1. Le non-respect de la procédure

Dans le domaine de la commande publique, la transparence est la règle ; elle se traduit par la publication d'éléments nécessaires à l'achat public, notamment la communication des raisons qui ont conduit au choix de l'entrepreneur le mieux offrant.

L'absence de transparence fait donc douter de la crédibilité du processus, ouvrant ainsi les portes du secteur d'activités aux arrangements bénéfiques aux seuls soumissionnaires à qui sont destinées les informations prioritaires et essentielles à la constitution de leurs dossiers d'appel d'offres.

Minutieusement préparée, la stratégie intéresse l'autorité contractante dans l'élaboration du cahier des charges qu'elle connait profitable à un ou plusieurs soumissionnaires connus et sélectionnés d'avance.

Courante, la pratique trouve écho dans les cercles privés d'initiés où se côtoient décideurs politiques et opérateurs économiques préoccupés plus par des appétits égoïstes que par la satisfaction des intérêts vitaux des citoyens : les enjeux économiques, financiers, géopolitiques et technologiques des marchés publics sont tels que peu d'acteurs impliqués soient disposés à en garantir la transparence.

Connaissant à l'avance l'attitude de l'autorité contractante, la commission de passation des marchés publics se voit par moments obligée d'orienter la procédure de gestion des offres et d'attribution du marché.

La gestion de l'ensemble des marchés de fournitures et de prestations intellectuelles par les Cellules de gestion des projets et des marchés publics au sein des administrations ministérielles subit régulièrement les interférences de l'autorité contractante qui n'hésite pas à brandir, en cas de résistance, l'épée de Damoclès, à savoir, les mesures disciplinaires sur le personnel placé sous ses ordres.

2. Les pesanteurs politiques

L'exercice des charges publiques et, notamment, des fonctions politiques prédispose à l'accomplissement d'un service, mieux d'une mission d'intérêt général.

Dans un système démocratique cependant, l'accession au pouvoir est dictée par les règles de jeu électoral, lui-même sous-tendu par les alliances politiques. Les divers soutiens dont peuvent bénéficier nombre d'acteurs politiques justifient, une fois au pouvoir, le retour de la manivelle dans l'organisation de la procédure de la commande publique, mais également l'attribution des marchés publics.

Sur la base des stratégies de nature diverse, les hommes politiques apparaissent sous des étiquètes variées de négociants, commissionnaires ou attributaires frauduleux des marchés publics. Par devoir de reconnaissance, ils s'obligent à opérer une redistribution des cartes dans le cadre de l'attribution des marchés.

Concourent à cette pratique, la sous qualification du personnel, le contrôle sélectif et subjectif du processus de passation et de gestion de la commande publique, ainsi que l'attribution fantaisiste du marché.

B. L'attribution du marché

Avant toute attribution du marché, l'autorité contractante se doit d'évaluer objectivement les offres reçues aux fins de ne retenir que celle qui réponde aux critères préalablement arrêtés et publiés dans le dossier d'appel d'offres.

En raison de la complicité triangulaire entretenue entre l'autorité contractante, le titulaire du marché et l'entreprise garante de sa bonne exécution, l'attribution du marché se décide finalement dans un cercle fermé où se nouent et se dénuent des arrangements politiques et financiers.

Le processus de passation de la commande publique subit également les caprices que lui imposent le soutien politique et les promesses faites aux autorités attributives ou approbatrices des marchés publics.

Se cristallise ainsi la propension au rapprochement entre les hommes politiques et les milieux d'affaires dont l'apport ressemble bien souvent à un placement réalisé dans le seul but d'en tirer plus tard profit.

Devenus faiseurs d'hommes politiques, les titulaires des marchés en sont les principaux soutiens financiers qui ne se doutent point d'apparaître comme auteurs ou complices du blanchiment d'argent.

Lorsque l'objet du marché porte sur un domaine de souveraineté (défense et sécurité nationales), la commande publique s'apprête à bénéficier d'une couverture spéciale et d'une complicité tolérée entre les milieux politiques, ceux des affaires et le Haut commandement militaire[265].

Quelle que soit la récompense que l'on peut en tirer, le complexe militaro-industriel est, dans le domaine de marché public, une menace larvée à la sécurité de l'État bénéficiaire. En associant les multinationales dans les stratégies militaires et sécuritaires du pays demandeur, la tactique n'en constitue pas moins une bombe à retardement.

L'entretien du phénomène « sociétés écran » au moment de la constitution des dossiers d'appel d'offres renforce la conviction que les potentiels bénéficiaires sont pour la plupart des commissionnaires ou entreprises de paille.

Réalisés dans le cadre d'un appel d'offres international, les marchés de travaux sont parfois exécutés par des entrepreneurs non qualifiés à qui le trésor public s'oblige pourtant à payer prioritairement les prestations, peu importe leur niveau de réalisation.

Des constructions inachevées aux aménagements partiels des bâtiments et autres ouvrages objet du marché, l'autorité contractante subit des ajustements financiers qu'exige la bonne et complète exécution du marché.

Dans le cadre bien précis des marchés de fournitures, le choix fantaisiste du titulaire peut inutilement retarder

---

265 ESAMBO KANGASHE J.-L, *Le droit constitutionnel*, Louvain-la-Neuve, Academia-l'Harmattan, 2013, p. 300.

l'exécution. On note à ce sujet que géré depuis 2003[266] par le Bureau central de coordination[267], le marché sur la constitution et l'entretien du fichier national d'état civil n'a été officiellement attribué que sept ans plus tard[268] dans des conditions on ne peut plus discutables[269].

Bénéficiaire, la société HUAWEI s'est vite trouvée confrontée à la production d'une garantie financière couverte par une institution bancaire de droit chinois, condition qu'elle aurait manqué d'offrir au moment de la soumission. Pour s'assurer de l'effectivité du marché, elle a résolu de solliciter, quatre ans plus tard, une sous-traitance[270] en violation des stipulations du contrat de base qui n'en prévoyait pas, mais qui a fini par être modifié par voie d'avenant.

Les pesanteurs politiques auxquels ce marché a été confronté ont fini par convaincre de son attribution fantaisiste, retardant du coup l'exécution dans le délai.

---

266 Sous le régime de l'Ordonnance-loi n°69/054 du 5 décembre 1969 relative aux marchés publics.

267 Aux termes de l'article 82 de la Loi sur les marchés publics, ceux conclus antérieurement ou à conclure avant la mise ne place des services et institutions prévus à l'article 83 demeurent soumis à la législation antérieure en ce qui concerne les règles de passation et d'exécution des marchés et de délégations de service public.

268 Suivant la lettre n°2865B/MININT/BCECO/DG/DPM/JPKM/MT du 16 septembre 2011.

269 Organisée pendant la campagne pour l'élection présidentielle du 28 novembre 2011, l'attribution de marché violait la Loi du 27 avril 2010 en ce que, d'une part, l'autorité contractante, à savoir le ministre ayant l'intérieur dans ses attributions n' a pas obtenu, avant la signature du contrat, l'avis de non objection de la Direction générale de contrôle des marchés publics et, d'autre part, le fait que la firme choisie n'était pas la mieux qualifiée techniquement.

270 Suivant la lettre n°2865B/MININT/BCECO/DG/DPM/JPKM/2011/MT du 14 septembre 2014.

C. L'exécution du marché

L'exécution de tout marché public est subordonnée à la signature du contrat, laquelle ouvre la voie au paiement d'une avance fixée à 30% pour les marchés de travaux et 20% pour ceux de fournitures des équipements informatiques.

La pratique offre bien des cas où la lourdeur de la procédure d'usage au ministère de budget finit par décourager certains entrepreneurs obligés d'attendre plusieurs jours, voire de mois pour rentrer dans leurs droits. Le non-respect des délais de paiement arrêtés dans le cadre de la chaine de dépenses conduit à l'exécution tardive, différée et, en tout cas, couteuse du marché.

Conditionnée au dépôt des garanties d'offres et remboursements d'avances reçues, l'exécution du marché public doit être parfaite et de bonne foi. Partiellement ou pas du tout réalisé, le marché public rend le titulaire créancier de l'État. Il est donc conseillé de s'assurer de son choix conséquent et des garanties d'exécution personnelle ou, si elle est autorisée, de celle déléguée, conjointe ou solidaire du marché gagné.

L'exécution du marché peut également être entravée par les facteurs de nature diverse dont la découverte ultérieure de l'absence d'expertise dans le secteur d'activité (cas de marchés de travaux), l'inexistence juridique du titulaire (personne morale de droit public ou privé) ou les combines politiques.

La pratique offre encore des cas où le titulaire du marché en négocie l'exécution après avoir reçu paiement des prestations insuffisamment ou pas du tout accomplies. Réalisé dans le cadre de la dette intérieure, ce paiement cache habituellement les enrichissements illicites.

Soutenus par les multinationales, les titulaires des marchés trouvent, au niveau national, une complicité à même de couvrir la circulation illicite et non contrôlée des capitaux, affectant, par voie de conséquence, l'activité économique et, donc, le développement attendu.

Dans le cadre du partenariat public-privé, certains marchés sur les investissements miniers et pétroliers mobilisant d'importants et volumes capitaux n'ont pas été correctement exécutés à cause de l'absence d'une réglementation douanière et fiscale spécifique.

D. Le rôle ambigu du Bureau central de coordination dans la gestion et l'attribution des marchés publics

Prenant appui sur l'accord de don pour de développement passé, le 6 septembre 2000, avec l'Association internationale de développement, le gouvernement congolais résolut de créer[271]le Bureau central de coordination[272].

Placé sous l'autorité directe du ministre des finances, ce service public est doté de l'autonomie administrative et financière ; il gère l'ensemble de projets financés, dans le cadre du programme intérimaire renforcé, par les bailleurs des fonds[273]. C'est, en effet, par lui que le gouvernement s'assure de la bonne gestion de l'aide d'urgence destinée à soutenir son programme d'urgence de relance et de développement.

---

271 Avec le soutien de divers bailleurs de fonds.

272 Par décret n°039/2001 du 8 août 2001 portant création, organisation et fonctionnement du Bureau central de coordination, en abrégé BCECO, *Journal officiel de la République démocratique du Congo*, numéros spécial, novembre, 2001, pp. 151-155.

273 Art. 1er du Décret du 8 août 2001.

Dans ce cadre, le Bureau central de coordination se voit confier la gestion, la coordination et l'exécution de l'ensemble d'activités dérivées des projets d'aide d'urgence dont il approuve et supervise. Il évalue les sous-projets présentés et exécutés par les communautés bénéficiaires ou les organismes d'exécution.

Assurant la liaison avec les bailleurs de fonds, les agences des Nations-unies, les institutions, services et organismes publics, ainsi que le secteur privé pour les projets qui les concernent, le Bureau central de coordination réalise toutes les opérations en rapport avec ses missions[274].

L'importance et le volume de ses attributions prédisposent ce service au contrôle et à l'évaluation de l'ensemble des marchés publics passés avec les organismes internationaux ou régionaux bénéficiant de l'aide des bailleurs des fonds.

L'absence, au sein de certaines autorités contractantes, des Cellules de gestion des projets et des marchés publics facilite son intrusion dans la coordination et la gestion de la totalité des marchés publics passés par les différentes autorités contractantes.

Devenue l'épicentre dans le processus de la commande publique, le Bureau central de coordination supervise les activités sensées être gérées par les administrations dotées pourtant des Cellules de gestion des projets et des marchés publics.

On voit combien cette hégémonie préjudiciable, par ailleurs, à la gestion responsable de la commande publique doit prendre fin, le législateur ayant organisé, en cas d'absence au sein d'une autorité contractante de la Cellule de gestion des projets et des marchés publics, l'assistance

---

274 Art.3 du Décret du 8 août 2001.

technique d'une autre à même d'assurer, à la demande de l'administration concernée, une mission d'appui[275].

Bien que dénoncée par le cabinet du président de la République dans une correspondance du 6 novembre 2012 adressée au directeur général de ce service stigmatisant son immixtion dans le processus de passation par les autorités contractantes des marchés de prestations intellectuelles, l'hégémonie du Bureau central de coordination bénéficiant, par ailleurs, du soutien du premier ministre, chef du gouvernement[276] est réelle et renforce, à bien des égards, l'impunité.

§2. L'impunité

De tous les domaines de la vie sociale dont l'impact est considérable sur le développement d'un pays, celui de la commande publique occupe une place de choix. On admet que l'activité économique d'un pays soit comptable de la bonne gestion de ce secteur de plus en plus confronté aux convoitises et complicités que se vouent les entreprises intéressées et acheteurs publics.

Le fléau est réel pour que soient mobilisées toutes les énergies en vue de lutter contre les fréquentes violations des règles organisant l'achat public. Cette mobilisation passe par la moralisation des acteurs impliqués et la répression de toute violation de la loi sur les marchés publics.

---

275 Art.2 du Décret n°10/32 du 28 décembre 2010.

276 A sa création, le Bureau central de coordination a été dirigé par Augustin MATATA PONYO qui deviendra ministre des finances et premier ministre, chef du gouvernement respectivement par les ordonnances n°10/ 025 du 19 février 2010 et n°12/003 du 18 avril 2012.

A. La moralisation des acteurs impliqués

Dans tout processus de la commande publique, l'information, la formation et l'éducation participent à la connaissance et la compréhension des règles et principes qui le sous-tendent.

Confiée à l'Autorité de régulation des marchés publics, cette tâche est loin d'être correctement assurée ; offrant peu de garanties à l'application uniforme et efficace de la loi.

Combinée à la relative motivation du personnel en fonction, la sous qualification de plusieurs agents et cadres entrave le fonctionnement rationnel d'un service confronté, par ailleurs, aux difficultés financières et matérielles de tous ordres.

La technicité et la complexité qui entourent le secteur l'éloignent chaque jour des besoins du citoyen moyen plus que porté vers d'autres mécanismes d'auto prise en charge souvent en marge des règles établies.

Très attendue, la répression des actes enfreignant le code des marchés publics semble l'ombre d'elle-même à cause des restrictions imposées à la responsabilisation et la moralisation du secteur.

B. La répression relative aux violations de la Loi sur les marchés publics

Le catalogue d'incriminations commises ou susceptibles de l'être à l'occasion de la passation de la commande publique justifie à bien des égards leur répression.

A la lumière du dispositif pénal en vigueur, on s'aperçoit du peu l'intérêt du législateur dans la fixation du taux des amendes à l'exclusion de toute servitude pénale. La hauteur des profits illicitement réalisés ou à même de l'être aurait incité à l'élaboration d'une réglementation plus contraignante.

L'exercice est nécessaire pour décourager les agissements qui frisent l'immoralité dans un secteur plus que jamais sollicité par le besoin de la moralisation : il est à même de servir de palliatif aux limites des sanctions administratives en la matière.

En attendant, il importe de s'assurer du degré de responsabilité de chaque acteur pour justifier, le cas échéant, le renforcement de ses capacités.

1. La recherche des responsabilités

La procédure pénale ordinaire fournit une gamme de recettes capables de soutenir l'identification des infracteurs et la répression de leurs actes.

Très large, le champ d'application du dispositif juridique va vite se heurter à la multiplicité des violations des règles sur la commande publique et qui couvrent les auteurs, coauteurs et complices.

On doit reconnaitre les réelles difficultés rencontrées sur terrain en vue de déterminer avec exactitude le degré de responsabilité pénale de chaque acteur en raison de nombreuses complicités administratives et politiques qui faussent nettement les pistes d'exploration.

2. Le renforcement des capacités des acteurs impliqués

La présence remarquée d'intervenants dans le processus de dévolution et d'exécution de la commande publique rend quelque peu ardue la connaissance et la maitrise des règles d'usage. Leur ignorance peut, en revanche, être prise comme élément de gaspillage des ressources financières réduisant, *ipso facto*, les efforts de développement à cause certainement du coût élevé des transactions qu'elle entraine.

L'implication de l'Autorité de régulation des marchés publics est à ce point souhaitée afin de rendre rentable et efficace la gestion du processus d'achat public.

Pour rappel, la loi charge cette autorité de programmer et d'organiser la formation initiale et continue des acteurs du système de passation des marchés publics et de délégations de service public. Pour accomplir convenablement cette tâche, elle devra se mettre en relation permanente avec les centres ou écoles de formation mis en place, au niveau national, sous régional ou international spécialisés.

Section 2 : La disparition virtuelle du droit des marchés publics

La gestion rationnelle du processus de passation des marchés publics et de délégations de service public est susceptible d'influer sur l'activité économique d'un pays. Il importe de s'assurer que le dispositif juridique en vigueur contribue à la moralisation du secteur quotidiennement menacé par les aléas de tout genre.

La commande publique ne peut se réduire à la seule fixation du prix à partir duquel le marché est attribué. Elle suggère que l'on se fasse, en plus, l'idée sur la hauteur de l'avantage que l'on espère. Qu'il s'agisse, en effet, de l'entrepreneur, du fournisseur ou du prestataire de service public, l'engagement à la commande publique est déterminé par le bénéfice que l'on souhaite obtenir en termes monétaires.

Fondamentalement tributaire de la situation économique et financière de chaque pays, le domaine est, quelle que soient les précautions légales prises, de perception diversifiée. Pendant que certains y voient un vecteur de croissance et du développement, d'autres lui prêtent d'embellir l'autel des enrichissements illicites et du blanchiment des capitaux.

De plus en plus convoité par les demandeurs des marchés publics, le blanchiment des capitaux doit être combattu à cause notamment du ralentissement qu'il impose à l'émergence d'un droit des marchés publics incitatif à la croissance et au développement.

§1. Le danger du blanchiment des capitaux

Se déroulant dans toutes les phases de passation de la commande publique, le blanchiment des capitaux fait accroitre l'illégalité du processus en raison de l'injection dans le circuit économique officiel des fonds d'origine illicite. Il couvre la provenance illicite de l'argent que l'on souhaite blanchir par des méthodes diverses et variées[277].

Le blanchiment convoite donc la dissimulation de la propriété et source réelles de l'argent sale, l'objectif étant de rendre opaque l'origine des capitaux mal gagnés. Courant dans les opérations de transformation des profits, des revenus ou des gains illicitement réalisés, il réduit la crédibilité de la commande publique.

La présentation de ses techniques facilite l'étude des mécanismes de sa lutte dans l'organisation et la gestion de la commande publique.

A. Les techniques de blanchiment des capitaux

---

[277] DUPUIS-DANON M-C, *Finance criminelle*, Paris, 2ème éd. PUF, 2004, p. 49.

Se servant de l'évolution de la technologie, le blanchiment des capitaux est classique ou moderne.

1. Le blanchiment classique

A l'origine, le blanchiment n'a concerné que le trafic de la drogue où se côtoient les opérations de placement, d'empilement et d'intégration des fonds illicites.

1.1. Le placement

Le placement est l'acte par lequel le détenteur ou le gardien de l'argent sale s'oblige à le faire entrer dans un circuit licite[278]par le biais des établissements financiers, de l'économie de détail ou du transfert des fonds à l'étranger[279].

En règle générale, le placement se fait par le dépôt ou l'achat d'instruments monétaires dans les établissements financiers traditionnels, les banques de dépôts et de crédit, les banques commerciales et/ou les établissements financiers non traditionnels, tels que les bureaux de change, les maisons de titres, les sociétés de bourse, les casinos et les services postaux[280].

Les investissements réalisés dans le cadre de placement procèdent essentiellement de la manipulation d'argent[281]et l'achat des voitures haute gamme, des avions, de biens immobiliers ou objets d'art.

---

278 HAYE-ROSSELL P, *Le rôle du notaire dans la lutte contre le blanchiment de capitaux*, p. 16.

279 VERNIER E et JEREZ O, *La lutte contre le blanchiment de l'argent et le financement du terrorisme*, p. 128.

280 *Idem*, p. 129.

281 Dans les casinos, les services d'encaissement des chèques, les restaurants, les bars ou les contacts avec les négociants en matières précieuses.

A la faveur de l'évolution de la technologie, on assiste, de plus en plus, à la circulation et l'injection rapides des fonds d'origine délictuelle dans le circuit financier ou leur transformation en monnaie scripturale. Cette opération est réalisée par l'émission des ordres de virement postal, des chèques de voyage et autres instruments négociables ; elle se sert du circuit financier comme une voie indispensable à la concrétisation des objectifs illicites.

1.2. L'empilement

L'empilement autorise la disparition de l'origine illicite des fonds en les faisant circuler, grâce à un système complexe de transactions financières successives, par les sociétés écran ou des paradis réglementaires[282]. Il aboutit à une sorte de lessivage, de conversion ou de transformation de l'argent sale.

L'opacité qu'il crée entre la récolte des fonds et leur investissement[283]facilite la circulation et la conversion frauduleuse d'importantes sommes d'argent, en même temps qu'il réduit tout effort de démantèlement des réseaux d'enrichissements illicites.

Rendant difficile la remontée d'informations, cette technique finit par favoriser l'injection des fonds illicites dans le circuit économique officiel.

1.3. L'injection des fonds illicites dans le circuit économique officiel

Réalisé dans le cadre de l'empilement, le blanchiment offre à son auteur une explication destinée à habiller sa

---

282 HAYE-ROSEL P, *Le rôle du notaire dans la lutte contre le blanchiment de capitaux*, p. 17.

283 VERNIER E et JEREZ O *La lutte contre le blanchiment de l'argent et le financement du terrorisme*, p. 135.

richesse d'un parfum de légalité. Minutieusement préparés, les plans d'intégration replacent les produits blanchis dans l'économie officielle de telle façon qu'ils rentrent dans le système bancaire au titre des profits normaux découlant d'une affaire commerciale.

Sauf à établir avec précision la trace de produits illicites au moment du placement et de l'empilement, il est difficile d'opérer une nette distinction entre les richesses légales de celles qui ne le sont pas[284].

Connue sous les étiquètes de « recyclage », « essorage » ou « absorption » des fonds, l'intégration ouvre les portes des circuits économiques légaux à l'intrusion des fonds d'origine frauduleuse[285], elle couvre la légalité l'argent blanchi en fournissant une justification de la provenance des capitaux[286].

Une fois blanchis, les fonds d'origine illicite circulent et forment de revenus propres et souvent imposables[287] dans le cadre des fausses facturations, des opérations internationales, des emprunts fabriqués, des ventes des biens immeubles, des tableaux d'art ou des prises de participation dans des sociétés.

2. Les nouvelles pratiques du blanchiment

Avec l'évolution de la technologie, plusieurs pratiques du blanchiment ont vu le jour. Du blanchiment élémentaire, se succèdent les blanchiments élaboré et sophistiqué[288].

---

284 VERNIER E et JEREZ O, op.cit., p. 43.

285 HAYE-ROSSEL P, *Le rôle du notaire dans la lutte contre le blanchiment de capitaux* p. 67.

286 VERNIER E et JEREZ O *La lutte contre le blanchiment de l'argent et le financement du terrorisme* p. 138.

287 *Idem loco.*

288 MAILLARD J, « *La lutte contre le blanchiment : Quel mode d'emploi* ? », Banque Magasine, n°609, décembre 1999, pp. 44-45.

2.1. Le blanchiment élémentaire

Rudimentaire, le blanchiment élémentaire transforme les fonds d'origine illicite en argent propre par le biais des opérations simples et ponctuelles d'usage dans des dépenses de consommation ou des investissements, mais relativement moins coûteuses[289].

Il s'appuie sur l'introduction de l'argent sale dans des recettes liquides à l'issue du commerce et de l'échange de devises dans un bureau de change.

2.2. Le blanchiment élaboré

Le blanchiment élaboré réinvestit le produit criminel dans des activités légales nettement plus importantes. Il couvre des sommes élevées grâce aux techniques de fausse vente aux enchères ou des opérations mobilières et s'apparente à un blanchiment aiguisé.

2.3. Le blanchiment sophistiqué

Se situant à un niveau plus élevé que les deux premiers, le blanchiment sophistiqué fait l'économie des moyens traditionnels pour justifier la provenance des ressources amassées dans de très brefs délais.

De plus en plus utilisé par les multinationales dans le cadre des investissements complexes et des opérations des profits et revenus, ce type de blanchiment se sert des diverses techniques telles que le prêt endossé, le faux procès, le réseau SWIFT regroupant actuellement près de 3 800 établissements bancaires dans 94 pays et qui assure environ

---

[289] VERNIER E et JEREZ O *La lutte contre le blanchiment de l'argent et le financement du terrorisme*, p. 45.

1 600 000 transferts de fonds et crédits documentaires par jour[290].

Dans le domaine des marchés publics, les différentes techniques de blanchiment apparaissent, selon l'objet du contrat, dans la constitution des garanties financières exigées des soumissionnaires et le recours à la sous-traitance dans l'exécution des marchés publics.

B. Les mécanismes nationaux de lutte contre le blanchiment des capitaux

Pour lutter contre le blanchiment des capitaux, il a été créé la Cellule nationale des renseignements financiers dont l'organisation et le fonctionnement permettent de jauger de la capacité des pouvoirs publics d'épargner singulièrement le secteur des marchés publics de ce fléau.

1. La création de la cellule nationale des renseignements financiers

Dans le cadre de la lutte contre le blanchiment des capitaux et le financement du terrorisme, il a été institué la cellule nationale des renseignements financiers[291], le Comité consultatif de lutte contre le blanchiment des capitaux et le financement du terrorisme[292], ainsi que le fonds de lutte contre le crime organisé[293].

---

290 HAYE-ROSSELL, *Le rôle du notaire dans la lutte contre le blanchiment de capitaux*, p. 17.

291 Suivant le Décret n°08/020 du 24 septembre 2008 portant organisation et fonctionnement de la Cellule nationale de renseignements financiers.

292 Par Décret n°08/21 du 24 septembre 2008 portant création du Comité consultatif de lutte contre le blanchiment des capitaux et le financement du terrorisme.

293 En vertu du Décret n°08/022 du 24 septembre 2008 portant création du fonds de lutte contre le crime organisé.

Une brève présentation de ce service permet de se faire une idée sur ses missions, ses compétences et son fonctionnement en vue de le situer dans le cadre plus restreint de moralisation du secteur des marchés publics.

1.1. L'organisation et les missions

Promulguée le 19 juillet 2004, la loi sur la lutte contre le blanchiment des capitaux et le financement du terrorisme annonçait déjà la création de la Cellule nationale des renseignements financiers[294] dotée d'une autonomie financière et d'un pouvoir de décision propre.

Crée en 2008, ce service public à caractère administratif et technique ne deviendra fonctionnel qu'en 2010. L'impréparation dans sa mise en place aurait justifié ce retard. Quoi qu'il en soit, la Cellule recueille et traite les renseignements financiers sur les circuits de blanchiment des capitaux et de financement du terrorisme[295]. Elle est notamment chargée de :

- recevoir, analyser et traiter les déclarations des personnes et organismes visés à l'article 4 de la loi n°04/016 du 19 juillet 2004 portant lutte contre le blanchiment des capitaux et le financement du terrorisme ;
- recevoir toutes les autres informations utiles, notamment celles communiquées par les autorités judiciaires ;
- faire poursuivre, le cas échéant, les personnes présumées coupables de blanchiment de capitaux et de financement du terrorisme ;
- réaliser ou faire réaliser des études périodiques sur l'évolution des techniques utilisées aux fins de blanchiment

294 En son article 17.

295 Art. 17 de la loi n°04/016, et l'art. 3 du Décret n°08/20 du 24 septembre 2008.

de capitaux et de financement du terrorisme sur le territoire national ;

- émettre des avis sur la politique de l'État en matière de lutte contre le blanchiment de capitaux et de financement du terrorisme, et sur sa mise en œuvre. À ce titre, elle propose les réformes appropriées au renforcement de l'efficacité de la lutte contre le blanchiment de capitaux et le financement du terrorisme.

Il est recommandé à la Cellule de rédiger, à la fin de chaque trimestre, un rapport d'activités, avec indication précise sur les techniques de blanchiment et de financement du terrorisme relevées et les propositions adéquates pour y remédier. Destinés au ministre des finances, ce rapport est adressé en copie au ministre de la justice et au gouverneur de la banque centrale du Congo[296].

Sous réserve de réciprocité, la Cellule échange des informations avec les services étrangers chargés de recevoir et de traiter les déclarations de soupçon, lorsque ceux-ci sont soumis à des obligations de secret.

1.2. Le fonctionnement

Deux organes composent la Cellule nationale des renseignements financiers, à savoir le conseil et le secrétariat exécutif.

Chargé de l'administration et du contrôle des activités de la Cellule, le conseil adopte le budget et l'établissement des comptes annuels. Il établit et supprime, le cas échéant, les agences et bureaux, adopte les rapports trimestriels et annuels de la Cellule et définit le statut des agents.[297]

[296] Art. 19 de la Loi n°04/016 du 19 juillet 2004.
[297] Art. 7 du Décret n°08/20 du 24 septembre 2008.

Les neuf membres qui composent le conseil sont nommés par ordonnance du président de la République pour un mandat de six ans renouvelables. Ils sont choisi au sein de la Cour des comptes (un magistrat), de Cours d'appel (un magistrat), de la fonction publique (quatre hauts fonctionnaires provenant respectivement de la Banque centrale du Congo, de la Direction générale des douanes et accises, de la Direction générale des impôts et de l'Inspection générale des finances), de la police nationale (un officier supérieur de la police nationale congolaise), de la police des frontières (un fonctionnaire) aux quels est jointe une personnalité indépendante désignée en raison de ses compétences et provenant d'une association des réviseurs comptables[298] .

Constitué du secrétaire exécutif et du secrétaire exécutif adjoint nommés par ordonnance du président de la République pour un mandat de six ans renouvelables, le secrétariat exécutif assure la gestion courante, dirige et surveille les services de la Cellule. Il veille à l'exécution des décisions du conseil.

1.3. Les compétences

Au nombre des compétences reconnues à la Cellule, figurent le droit de communication et d'opposition dont la contrepartie se trouve dans l'obligation de confidentialité.

a. Le droit de communication

En vue de l'exploitation des données contenues dans une déclaration de soupçon de blanchiment, la Cellule dispose d'un droit de communication plus large lui permettant d'obtenir de toute autorité publique et personne physique ou morale, la transmission des informations et documents

298 Art. 8 du décret n°08/020 du 24 septembre 2008.

nécessaires à la poursuite des investigations qu'elle entend mener[299].

Le droit de communication concerne les pièces et documents relatifs à une opération à l'effet de reconstituer, suite à la réception d'une déclaration de soupçon, l'ensemble des transactions réalisées par une personne physique ou morale et liée à l'opération suspecte. Le déclarant ne peut s'y soustraire[300].

b. Le droit d'opposition

La Cellule nationale des renseignements financiers peut s'opposer, en raison de la gravité des informations reçues ou de l'urgence de l'affaire portée à a connaissance, à l'exécution d'une opération avant l'expiration du délai mentionné par le déclarant.

Notifiée par télécopie ou par tout autre moyen à la personne concernée, l'opposition empêche l'exécution de l'opération pour une durée maximum de quarante-huit heures. La Cellule peut demander au ministère public de saisir, par ordonnance motivée, les fonds, comptes ou titres pour une durée supplémentaire qui ne peut excéder huit jours. Cette ordonnance est susceptible de recours dans les quarante-huit heures de sa notification à la personne concernée.

Dans le cadre des investigations qu'elle mène, la Cellule n'engage aucune action en responsabilité civile ou pénale des personnes, dirigeants et préposés des organismes désignés

---

299 Art. 17 de la loi n°04/016 du 19 juillet 2004.

300 HAYE-ROSSELL P, *Le rôle du notaire dans la lutte contre le blanchiment de capitaux*, Paris, Déferions, 2008, p. 77.

par la loi[301] du fait des dommages matériels et/ou immatériels résultant du blocage légal d'une opération[302].

c. L'obligation de confidentialité

Le Décret organique de ce service soumet les membres de ses organes et le personnel à l'obligation de confidentialité des informations recueillies dans l'exercice de leurs fonctions[303]. Ces informations ne peuvent être utilisées qu'à des fins prévues par la loi.

L'obligation de confidentialité concerne la Cellule qui est tenue d'utiliser les renseignements obtenus à partir des déclarations de soupçon qu'à des fins légales. Elle s'appuie, dans l'exercice de ses compétences, sur l'expertise du comité consultatif de lutte contre le blanchiment de capitaux et le financement du terrorisme[304].

En raison de la maigreur des statistiques fournies par la Cellule qui ne reçoit par an qu'une trentaine de déclarations de soupçon essentiellement des banques et de la quasi absence de condamnation pénale prononcée par les juridictions congolaises, on s'accorde à soutenir que le phénomène blanchiment de capitaux se porte bien et que le secteur de la commande publique en subit le coup.

On admet qu'une fois étudié par la Cellule, le dossier est, en cas d'indices sérieux de blanchiment, transmis au juge accompagné de l'avis au ministère public.

---

301 Art. 4 de la Loi n°04/016 du 19 juillet 2004.
302 Art. 24, §3 de la Loi du 19 juillet 2004.
303 Art. 21 du Décret n°08/20 du 24 septembre 2008.
304 Créé par le Décret n°08/21 du 24 septembre 2008.

2. L'intervention du pouvoir judiciaire

L'intervention du pouvoir judiciaire dans la lutte contre le blanchiment des capitaux est à situer au niveau du parquet et de la juridiction compétente.

2.1. Au niveau du parquet

La mise en œuvre de l'action judiciaire est opérée par la transmission au procureur de la République des éléments de la déclaration de soupçon. Il met, le cas échéant, en mouvement l'action publique.

a. La réception de la déclaration de soupçon de blanchiment

L'intervention de la Cellule nationale des renseignements financiers a pour but d'identifier les déclarations de soupçon contenant des éléments probants de blanchiment de capitaux et susceptibles de caractériser l'infraction.

La loi oblige la Cellule à transmettre au parquet non pas les déclarations de soupçon de blanchiment, mais un rapport sur les faits accompagné de son avis et, éventuellement, toutes les pièces utiles.

Dans le cadre de l'instruction préjuridictionnelle menée au niveau du parquet, il est interdit de relever dans le rapport communiqué au procureur de la République l'identité de l'auteur de la déclaration de soupçon ni celle de l'agent de la Cellule nationale des renseignements financiers[305].

b. Le traitement de la déclaration de soupçon

Une fois en possession du dossier ou du rapport établi par la Cellule nationale des renseignements financiers, le

[305] Art. 23 de la Loi n°04/016 du 19 juillet 2004.

procureur de la République peut, s'il considère que les faits rapportés ne sont pas suffisamment étayés pour caractériser l'infraction, classer le dossier ou mettre en œuvre l'action publique ou pénale en confiant, selon le cas, l'enquête ou l'instruction à un officier de police judiciaire ou du ministère public.

L'action du parquet peut se solder par un classement du dossier avec paiement d'une amende transactionnelle ou la saisine de la juridiction de jugement.

2. 2. Au niveau de la juridiction de jugement

La détermination de la compétence de la juridiction induit évidemment sur l'inventaire des sanctions pénales susceptibles d'être ordonnées en cas d'infraction commise.

a. La compétence de la juridiction

La compétence de la juridiction est soit matérielle, soit d'attribution, soit encore.

Du point de vue matériel et en l'absence d'une position clairement affichée par le législateur, on se trouve en difficulté d'identifier avec précision la juridiction compétente pour connaitre de l'infraction de blanchiment de capitaux.

Punie de cinq à dix ans de servitude pénale, l'infraction relève logiquement de la compétence du tribunal de grande instance. Il n'empêche qu'en raison des atteintes qu'il porte à l'activité économique et commerciale du pays, le blanchiment de capitaux relève, au regard de la loi du 03 juillet 2001, de la compétence du tribunal de commerce[306].

---

306 Aux termes de l'article 17 de la Loi n° 002/2001 du 03 juillet 2001 portant organisation et fonctionnement du tribunal de commerce, cette juridiction est compétente pour connaitre, en matière pénale,

La combinaison de ces deux législations conduit à reconnaitre, à titre principal, le tribunal de commerce comme le juge naturel de l'auteur de blanchiment de capitaux, le tribunal de grande instance ne peut être saisi que dans les milieux où il n'existe pas de tribunal de commerce.

Le législateur pénal ordinaire est, néanmoins, invité à adapter son dispositif en la matière, la création des juridictions spécialisées, en l'occurrence le tribunal de commerce, ayant pour vocation de modifier les règles habituelles de la compétence matérielle[307].

S'agissant de la compétence territoriale, seul le domicile des parties est le critère décisif. Le législateur fixe, d'ailleurs, avec précision la compétence du tribunal du lieu où le prévenu aura été trouvé et lorsque plusieurs personnes sont poursuivies conjointement comme coauteurs ou complices d'infractions connexes, le tribunal compétent au point de vue territoire pour juger l'une d'elles l'est pour juger les autres[308].

b. Les sanctions possibles en cas de blanchiment de capitaux

L'auteur du blanchiment de capitaux est, selon le cas, passible de la servitude pénale, d'une amende transactionnelle ou de la confiscation des biens.

1. La servitude pénale

La loi du 19 juillet 2004 punit de cinq à dix ans de servitude pénale, les auteurs, co-auteurs et complices de

---

des infractions à la législation économique et commerciale quel que soit le taux de la peine ou la hauteur de l'amende.

307 DESPORTES F et LAZERGES-COUSQUIER L, *Traité de procédure pénale*, Paris, éd. Economica, 2009, p. 487.

308 Art. 104 de la Loi n°13/011 du 11 avril 2013.

blanchiment[309]. Les autorités judiciaires peuvent, également, procéder à la saisie des documents ou d'éléments constitutifs d'indices permettant de suspecter que les comptes, litiges téléphoniques ou autres documents sont utilisés par des personnes soupçonnées de participer aux infractions visées par la loi.

2. Les amendes transactionnelles

Selon l'infraction et sa gravité, les amendes n'ont pas la même hauteur. Le législateur a dans ce cas pris soin de plafonner le montant. Pour les personnes morales autres que l'État, le taux de l'amende correspond au quintuple des amendes spécifiées pour les personnes physiques, sans préjudice de leur condamnation comme co-auteurs ou complices de l'infraction.

La même sanction est applicable aux personnes morales pour le compte ou au bénéfice desquelles une infraction subséquente a été commise par l'un de leurs organes ou représentants.

Dans l'une ou l'autre hypothèse, le tribunal peut ordonner l'interdiction définitive ou pour une durée maximum de cinq ans d'exercer, directement ou indirectement, certaines activités professionnelles ; la fermeture définitive ou pour une durée de cinq ans au maximum de leurs établissements ayant servi à commettre l'infraction ; la dissolution lorsqu'elles ont été créées pour commettre les faits incriminés et au payement des frais de publication de la décision par la presse écrite ou par tout autre moyen de communication audiovisuelle.

Ainsi fixées, les amendes peuvent être augmentées en cas de circonstances aggravantes. Si l'infraction est commise dans le cadre d'une organisation criminelle, la peine peut être

309 Art. 34.

portée à vingt ans de servitude pénale et à une amende dont le montant maximum est égal à douze fois le montant de la somme blanchie[310].

On se rend ainsi compte de la volonté du législateur de consacrer la responsabilité pénale des personnes morales autres que l'État en ce qui concerne le blanchiment de capitaux et le financement du terrorisme en déterminant les conditions de sa mise en œuvre.

3. La confiscation

La loi exige que la confiscation soit prononcée en cas d'infraction consommée ou tentée, voire sur des biens objets de l'infraction de blanchiment y compris les revenus et autres avantages qui en ont été tirés. Le tribunal peut, néanmoins, ordonner la confiscation des biens sur lesquels l'infraction a porté lorsqu'une condamnation ne peut être exécutée contre son ou ses auteurs.

§2. Les contraintes à l'émergence du droit des marchés publics

Le droit des marchés publics est, on ne peut plus, exigeant, car se situant au carrefour des enjeux multiples. Traditionnellement tournées vers la satisfaction de l'intérêt général et, donc, vers le développement de la nation, l'organisation et la gestion de la commande publique sont, chaque jour, confrontées à une diversité de contraintes qui en réduisent l'efficacité : elles sont de nature économique, sociale, psychologique et politique.

A. Les contraintes économiques et sociales

La rentabilité de la commande publique ne s'accommode pas toujours du climat de pauvreté et de l'insécurité. Lorsque

[310] Art. 36 de la même loi.

les ressources financières d'un pays sont limitées et que les acteurs économiques refusent d'adhérer à la politique économique du gouvernement, il est illusoire d'espérer à la réalisation satisfaisante des fournitures, prestations de services, ouvrages et autres édifices d'intérêt général. Dans ces conditions, les marchés publics ne peuvent se réaliser qu'à la limite de ressources financières disponibles ou des recettes que l'Etat est à même de recouvrer effectivement.

On retiendra que dans un environnement social et économique peu incitatif, la constitution d'une caution bancaire préalable d'égal montant avant l'exécution effective du marché préjudicie les petites et moyennes entreprises lorsque le paiement n'intervient pas dans le délai contractuel.

B. Les obstacles de nature psychologique

Pas trop connu de la population et, donc, éloigné de ses préoccupations primaires, le droit des marchés publics peine à entrer dans les mœurs congolaises. De la formation insuffisante ou quasi inexistante des acteurs impliqués (étatiques, paraétatiques, membres de la fédération des entreprises du Congo, opérateurs judiciaire...) aux règles et procédures de la commande publique, la discipline s'offre comme cadre de gaspillage des ressources indispensables au développement du pays.

En raison des complicités perceptibles entre, d'une part, le personnel chargé de la gestion de la commande publique et les autorités contractantes et, d'autre part, entre ces dernières et les autorités approbatrices des contrats, il se crée une psychose empêchant toute dénonciation des violations de la loi sur les marchés publics.

Dans ces conditions, plutôt que de servir de cadre à la moralisation de la commande publique, le droit des marchés publics sert plutôt de soupape de sécurité des enrichissements illicites.

L'absence au niveau de la quasi-totalité des administrations ministérielles, des provinces et des entités territoriales décentralisées des Cellules de gestion des projets et des marchés publics laisse planer une arène de débrouillardise pour un secteur dont la technicité et la complexité échappent bien souvent à la connaissance du citoyen moyen.

C. Les contraintes politiques

Aucun État ne peut espérer tirer profit de l'organisation et la gestion de son système de commande publique en l'absence de volonté politique clairement affirmée ne se limitant pas uniquement au niveau des intentions déclarées.

Les complicités politiques qui accompagnent chaque jour le contentieux juridictionnel au demeurant mal organisé, réduisent la foi au droit des marchés publics devenu incapable de réguler l'activité sociale et économique parce que cible privilégiée de détournement de deniers publics et de blanchiment de capitaux.

Participent au recul de la discipline, la transformation des autorités approbatrices en organes de contrôle, à priori et postériori, des marchés conclus par appel d'offres internationaux, l'application sélective des dispositions légales relatives à l'approbation tacite ou le retard dans la mise à jour de certaines dispositions légales et règlementaires sur les marchés publics.

C'est le cas notamment de la violation des dispositions de la loi[311] et du Décret portant Manuel de procédures de la loi

---

[311] Art. 13, al. 1er de la Loi relative aux marchés publics.

relative aux marchés publics[312] en rapport avec la création et l'effectivité des Cellules de gestion des projets des marchés publics et de délégation de service public.

Confronté au problème de renforcement des capacités du personnel et des institutions étatiques chargés de la conduite et la gestion de la commande publique, le gouvernement résolut d'initier suivant la circulaire du ministre du budget n°0441/CAB/MIN/BUDGET/2011 portant dispositions transitoires pour l'installation des cellules de gestion des projets et des marchés publics, leur formation et d'organiser la transition des dix cellules pilotes de gestion des projets et des marchés publics.

Couplée au silence de l'autorité compétente d'approuver ou non le marché dans le délai, la quasi inexistence des avis de la Direction générale de contrôle des marchés publics font que certains marchés illicitement attribués soient une source d'enrichissements illicites.

L'absence d'une réglementation claire sur les marchés passés dans le secteur des pierres et métaux précieux, ainsi que celui de l'immobilier amplifie les vulnérabilités qui s'invitent dans un domaine plus que confronté à l'opacité des actes dont l'identification des auteurs et des bénéficiaires parait difficile.

Il n'empêche que la pénalisation effective d'une catégorie particulière d'infractions découlant de l'organisation et la gestion de la commande publique (délit d'initié, prise illégale d'intérêts, conflit d'intérêts, blanchiment de capitaux, faux en écriture, usage de faux, corruption, détournement de deniers publics) soit à même de donner du sens à la discipline et aux espoirs qu'elle suscite.

---

312 Art. 17, 18 et 19.

Section 3 : Les perspectives pour un droit des marchés publics incitatif au développement

Selon le pays et la législation de la commande publique, le droit des marchés publics se trouve au carrefour de l'économie du marché et celle autorisant l'intervention de l'État dans la régulation de l'activité économique et sociale. Il s'offre également comme cadre d'expression et de gestion des défis et opportunités, mieux de la transformation des premiers aux deuxièmes en vue d'assurer la satisfaction de l'intérêt général. C'est assurément cette dimension du domaine qui fait que la discipline soit prise comme indicateur déterminant et levier du développement économique et social.

En raison de l'importance qui lui est accordée dans la réalisation des politiques publiques, la commande publique prédispose les pouvoirs publics au respect des règles de la dépense publique et de la gestion rationnelle et conséquente des ressources disponibles.

Prenant par moments de cours les avancées enregistrées dans la réglementation en vigueur, bien d'actes accomplis dans le cadre de la passation et l'exécution de la commande publique affectent la transparence et la crédibilité du processus, ainsi que la légalité des rétributions attendues. Dans ces conditions, le droit des marchés publics parait éloigné des attentes de la population et du développement qu'il est pourtant appelé à booster.

Face aux enjeux que convoite ce secteur, on doit s'attendre à l'engagement conséquent des différents acteurs impliqués et plus particulièrement du législateur sur la voie de l'anticipation et éviter ainsi de suivre, mieux de subir les dérives ci et là constatées sur le terrain.

Plus qu'une simple question d'ajustement légal et structurel, la démarche doit tendre vers la consolidation de l'expertise existante et le renforcement des capacités professionnelles du personnel qui en manque ou éprouve le besoin. L'Autorité de régulation des marchés publics doit s'investir dans la valorisation, à l'occasion de l'exercice de ses attributions d'organe de formation, les considérations éthiques dans la conduite et la gestion de la commande publique.

Couplée à l'effet relativement intimidant des sanctions pénales contre les violations de la loi sur les marchés publics, la tolérance de certains abus incite à reconnaitre la persistance des contraintes imposées au droit des marchés publics et qui en réduisent les ambitions initiales.

L'extension du champ d'application de la loi sur les marchés publics aux personnes morales de droit public autre que l'Etat doit être prise comme un indicateur positif en direction de la constitution d'un droit congolais des marchés publics tourné vers la prise en compte des aspirations populaires et, donc, au développement à la base.

CONCLUSION

Le droit congolais des marchés publics est né de la confrontation, mieux de la juxtaposition entre deux législations intervenues, chacune, dans un contexte politique particulier. Prise dans le cadre d'un régime de centralisation du pouvoir, l'ordonnance-loi n° 69/054 du 5 décembre 1969 relative aux marchés publics organisait notamment la gestion concentrée de la commande publique par la commission des adjudications dont la composition et les décisions ne garantissaient que très peu la transparence et la crédibilité.

Prenant le contre pieds de cette législation, la loi n°10/010 du 27 avril 2010 lui substitue un cadre juridique plus incitatif à la concurrence, la transparence, la rationalité dans la passation et la gestion des marchés publics. Une nette distinction est justement faite entre les fonctions de gestion de celle de passation et de contrôle des marchés publics avec en toile de fond l'identification parfaite des structures et organes compétents.

La distance prise vis-à-vis de l'adjudication au profit de l'appel d'offres a contribué à simplifier la procédure de passation des marchés publics où le recours à la technique de gré à gré parait relever de l'exception organisée par la loi.

On s'aperçoit vite de l'importance des innovations apportées par la nouvelle réglementation, mais qui ne peuvent, en aucune manière, occulter l'énigme du droit des marchés publics, lequel demeure, somme toute, une discipline complexe et la technique réduisant du coup le bénéfice qu'elle est sensée procurer aux citoyens intéressés.

En organisant la responsabilité pénale des personnes morales de droit public autre que l'Etat, la nouvelle loi incrimine en même temps certains actes jadis inconnus ou peu connus de la loi pénale ordinaire (délit d'initié, conflit d'intérêts, prise illégale d'intérêts, favoritisme, trafic d'influences ou blanchiment de capitaux), elle participe, de ce fait, à la pénalisation de la commande publique.

Le droit des marchés publics recèle un enjeu économique important en raison du volume des ressources générées par la commande publique régulièrement soumise aux violations que lui imposent les acheteurs et gestionnaires publics, ce qui aurait conduit à un riche et abondant contentieux administratif et juridictionnel.

L'observation incite à reconnaitre que les organes et juridictions de contrôle sont rarement saisis en la matière. Ajouté à l'absence de condamnation pénale jusque-là ordonnée par une juridiction compétente, le taux relativement modique des amendes et la préférence à la conciliation comme mode de règlement du contentieux offrent à la discipline une passerelle à sa disparition virtuelle.

En raison des complicités triangulaires que se vouent les acheteurs publics, les gestionnaires de la commande publique et les entrepreneurs garants de l'exécution, on finit par se convaincre de l'efficacité réduite du droit des marchés publics à moraliser un secteur où le volume et l'importance des ressources contrastent singulièrement avec les timides espoirs suscités dans l'amélioration des conditions de vie de la population.

Le retard pris dans la mise en place au sein des différentes administrations provinciales et des entités territoriales décentralisées des organes de conduite et de gestion des marchés publics entrave l'application d'une bonne partie des dispositions légales régissant la matière.

Pris comme indicateur de développement à la base, la décentralisation doit, autant que faire se peut, permettre à chaque entité territoriale concernée par la commande publique (ville, commune, secteur et chefferie) de disposer d'au moins un acheteur public appelé à mettre en application la législation en vigueur. Le droit des marchés publics participe ainsi à la création d'emplois à même de booster le développement par le bas.

Il reste que seuls la prise en compte des enjeux de la commande publique, leur impact sur le vécu quotidien de la population, ainsi que la mobilisation des énergies en faveur des actions de moralisation permettent d'éviter que le secteur ne serve qu'à une infime partie de la population.

ANNEXES

1. Lettre d'invitation

[Utiliser le papier en-tête de l'autorité contractante]

[à insérer : Lieu et date]

[Le cas échéant, insérer : DP numéro……..]

[A insérer : nom et adresse du candidat]

Messieurs, mesdames,

1. Le [nom de l'autorité contractante] invite, par la présente demande de proposition, les candidats pré-sélectionnés à présenter leurs propositions sous pli fermé, pour la réalisation de [description succincte des services].

   Pour de plus amples renseignements sur les services objet de la présente, vous voudrez bien vous référer aux termes de référence joints.

2. La présente demande de propositions a été adressée aux candidats et groupements de candidats présélectionnés dont les noms figurent ci-après :

[à insérer : liste des candidats présélectionnés]

Cette invitation est strictement personnelle et ne peut être transférée à une autre personne.

3. Un consultant sera choisi par la méthode de [à insérer : mode de sélection][313].

---

[313] (i) sélection sur la base de la qualité technique et du montant de la proposition (sélection qualité-coût), ou (ii) sélection dans le cadre d'un budget prédéterminé (sélection budget fixé), ou (iii) sélection sur la base de la meilleure proposition financière soumise par les

4. La présente demande de proposition comprend les sections suivantes :

- La lettre d'invitation
- Les instructions aux candidats
- Les données particulières
- La proposition technique-formulaires types
- La proposition financière-formulaires types
- Les termes de référence
- Le modèle de marché

5. La date limite de dépôt des propositions est fixée au [insérer la date et l'heure].

6. Nous vous serions obligés de bien vouloir nous faire savoir, par écrit, dès réception, à l'adresse suivante [insérer l'adresse physique complète et l'adresse électronique]:

a) que vous avez reçu cette lettre d'invitation et ;

b) que vous soumettrez une proposition, seul ou en association.

Veuillez agréer, Madame/Monsieur, l'assurance de notre considération distinguée.

[À insérer : signature, nom et titre du représentant habilité de l'autorité contractante]

---

candidats ayant obtenu une note technique minimum (sélection moindre coût), ou (iv) la sélection sur la base de la qualité technique de la proposition (sélection qualité seule)

2. Modèle de contrat

Le présent Marché a été conclu le … jour de….. 20………

entre [nom], domicilié à [adresse] (ci-après dénommé "l'autorité contractante ") d'une part et [nom de l'Entrepreneur ou du groupement d'entreprise suivi de " conjointement et solidairement, et représenté par [nom] comme mandataire commun], domicilié à [adresse] (ci-après dénommé "l'entrepreneur") d'autre part,

Attendu que l'autorité contractante souhaite que certains travaux soient exécutés par l'Entrepreneur, à savoir [nom], qu'il a accepté l'offre remise par l'entrepreneur en vue de l'exécution et de l'achèvement desdits Travaux, et de la réparation de toutes les malfaçons y afférentes.

I1 a été convenu de ce qui suit :

Dans le présent marché, les termes et expressions auront la signification qui leur est attribuée dans les cahiers des clauses administratives du marché dont la liste est donnée ci-après.

En sus du contrat, les pièces constitutives du marché sont les suivantes :

a) la lettre de notification d'attribution ;
b) la soumission et ses annexes ;
c) le cahier des clauses administratives particulières ;
d) le cahier des clauses techniques particulières ;
e) les plans et dessins ;
f) le bordereau des prix et le détail quantitatif et estimatif ;
g) le cahier des clauses administratives générales ;
h) le cahier des clauses techniques générales ;
i) les autres pièces mentionnées à l'article 4 du cahier des clauses administratives particulières.

En cas de différence entre les pièces constitutives du marché, ces pièces prévalent dans l'ordre où elles sont énumérées ci-dessus.

En contrepartie des paiements à effectuer par l'autorité contractante à l'entrepreneur, comme mentionné ci-après, l'entrepreneur s'engage à exécuter les travaux et à reprendre toutes les malfaçons y afférentes en conformité absolue avec les dispositions du marché.

L'autorité contractante s'engage à payer à l'entrepreneur, à titre de rétribution pour l'exécution et l'achèvement des travaux et la reprise des malfaçons y afférentes, les sommes prévues au marché ou toutes autres sommes qui peuvent être payables au titre des dispositions du marché, et de la manière stipulée au marché.

Signature de l'autorité contractante

Signature de l'entrepreneur

3. Modèle de lettre aux candidats pré-qualifiés (avis d'appel d'offres)

Date :

A : [nom et adresse de l'entreprise]

Référence : [nom du projet]

AAO numéro : [référence de l'AAO]

Messieurs, mesdames,

1. Le [insérer le nom de l'autorité contractante] [a obtenu (dans le cadre de son budget)/a sollicité] des [insérer la source de ces fonds] fonds, afin de financer [insérer le nom du projet ou du programme, budget], et à l'intention d'utiliser une partie de ces fonds pour effectuer des paiements au titre du marché [insérer le nom / numéro du marché].

2. Le [nom de l'autorité contractante] invite, par le présent Avis d'appel d'offres, les soumissionnaires pré-qualifiés à présenter leur offre sous pli fermé, pour la réalisation de [description succincte des travaux; indiquer la liste des lots si l'appel d'offres comporte plusieurs lots pouvant être attribués séparément ; indiquer également si des variantes pourront être prises en considération].

3. Les soumissionnaires pré-qualifiés peuvent obtenir des informations supplémentaires et examiner le dossier d'appel d'offres dans les bureaux de [nom du service responsable du marché][314] [adresse postale, adresse télégraphique et/ou adresse et numéro de télex du service, adresse de courrier électronique, numéro du télécopieur où

[314] Le bureau où l'on consulte et d'où sont émis les Dossiers d'appel d'offres et celui où sont déposées les offres peuvent être identiques ou différents.

le Soumissionnaire peut se renseigner, examiner et obtenir les documents].

4. Vous avez été pré-qualifiés pour le projet cité en référence, et vous êtes donc admis à soumissionner (pour les lots suivants[315]).

5. Un jeu complet du dossier d'appel d'offres peut être acheté au service ci-dessus et moyennant paiement d'un montant non remboursable de [insérer le montant et la monnaie].

6. Les soumissions doivent être accompagnées d'une garantie de [montant [316]] FC et doivent être remises à [indiquer l'adresse physique et l'emplacement exacts du bureau] au plus tard à [heure] le [date]. Les offres devront demeurer valides pendant une durée de [insérer le nombre de jours ou mois] à compter de la date limite de soumission.

7. Les offres seront ouvertes en présence des représentants des soumissionnaires qui souhaitent assister à l'ouverture des plis le [date] à [heure] à l'adresse suivante : [indiquer l'adresse et l'emplacement exacts] [317]

Nous vous prions d'agréer, Messieurs,

[signature autorisée]

[Nom et titre]

[l'autorité contractante]

---

315 Ces sections du texte doivent être ajoutées lorsque le projet est divisé en plusieurs lots et que la pré- qualification a été faite pour plusieurs lots. La deuxième section doit être adaptée en fonction du ou des lots pour lesquels le candidat est invité à soumissionner.

316 Coordonner avec l'Article 19 des IC, "Garantie d'offre".

317 Coordonner avec l'Article 25 des IC, "Ouverture des plis".

4. Modèle de marché

[Le texte entre crochets vise à aider l'autorité contractante à préparer la demande de proposition; il n'apparaîtra pas dans la demande de proposition finale envoyée aux candidats présélectionnés.]

L'autorité contractante utilisera l'un de deux marchés types ci-joints :

Modèle de marché

Services de consultants

Tâches rémunérées au temps passé

ou

Modèle de marché

Services de consultants

Marché à rémunération forfaitaire

Les cas où utiliser ces marchés sont décrits dans leurs préfaces.

5. Modèle de garantie de bonne exécution (garantie délivrée par un organisme financier)

Date :

Appel d'offres n°:

______________________________ [nom de la banque et adresse de la banque d'émission]

Bénéficiaire : ___________________ [nom et adresse de l'autorité contractante]

Date : _______________

Garantie de bonne exécution numéro : ________________

Nous avons été informés que _____________________ [nom de l'entrepreneur] (ci-après dénommé « l'entrepreneur ») a conclu avec vous le marché numéro ________________ en date du _______________ pour l'exécution de ______________________ [description des travaux] (ci-après dénommé « le marché »).

De plus, nous comprenons qu'une garantie de bonne exécution est exigée en vertu des conditions du marché.

A la demande de l'entrepreneur, nous __________________ [nom de la banque] nous engageons par la présente, sans réserve et irrévocablement, à vous payer à première demande, toutes sommes d'argent que vous pourriez réclamer dans la limite de _____________ [insérer la somme en chiffres] ______________[insérer la somme en lettres][318]. Votre demande en paiement doit être accompagnée d'une déclaration attestant que le candidat ne

---

[318] Le garant doit insérer un montant représentant l'avance sous forme de pourcentage du montant du marché mentionné au marché.

se conforme pas aux conditions du marché, sans que vous ayez à prouver ou à donner les raisons ou le motif de votre demande ou du montant indiqué dans votre demande.

La présente garantie expire au plus tard le __________ jour de ___________ 2____, [319] et toute demande de paiement doit être reçue à cette date au plus tard.

La présente garantie est régie par les Règles uniformes de la CCI relatives aux garanties sur demande, Publication CCI no : 458.

Nom : [nom complet de la personne signataire], titre [capacité juridique de la personne signataire]

Cette garantie est délivrée en vertu de l'agrément n°.....................du .... ministère des finances qui expire au ....

[signature]

Note : Le texte en italiques doit être retiré du document final ; il est fourni à titre indicatif en vue de faciliter la préparation du document.

---

[319] Insérer la date représentant vingt-huit jours suivant la date estimée de fin des travaux. L'autorité contractante doit prendre en compte le fait que, dans le cas d'une prorogation de la durée du marché, il devra demander au garant de prolonger la durée de la présente garantie. Une telle demande doit être faite par écrit avant la date d'expiration mentionnée dans la garantie. Lorsqu'il préparera la garantie, l'autorité contractante peut considérer ajouter ce qui suit à la fin de l'avant-dernier paragraphe : « Sur demande écrite de l'autorité contractante, formulée avant l'expiration de la présente garantie, le garant prolongera la durée de cette garantie pour une période ne dépassant pas [six mois] [un an]. Une telle extension ne sera accordée qu'une fois. »

6. Modèle de garantie de remboursement d'avance (garantie délivrée par un organisme financier)

Date :

Appel d'offres numéro :

_______________________________ [nom de la banque et adresse de la banque d'émission]

Bénéficiaire : ____________________ [nom et adresse de l'autorité contractante]

Date : ________________

Garantie de restitution d'avance numéro : _________________

Nous avons été informés que ______________________ [nom de l'entrepreneur] (ci-après dénommé « l'entrepreneur ») a conclu avec vous le marché numéro _________________ en date du _______________ pour l'exécution ______________________ [nom du marché et description des travaux] (ci-après dénommé « le marché »).

De plus, nous comprenons qu'en vertu des conditions du marché, une avance au montant de ____________ [insérer la somme en chiffres] ______________[insérer la somme en lettres] est versée contre une garantie de restitution d'avance.

A la demande de l'entrepreneur, nous _________________ [nom de la banque] nous engageons par la présente, sans réserve et irrévocablement, à vous payer à première demande, toutes sommes d'argent que vous pourriez réclamer dans la limite de ______________ [insérer la somme en chiffres] ______________[insérer la somme en lettres][320]. Votre demande en paiement doit être accompagnée d'une déclaration attestant que l'Entrepreneur ne se conforme pas aux conditions du Marché.

Toute demande et paiement au titre de la présente garantie est conditionnelle à la réception par l'Entrepreneur de l'avance mentionnée plus haut dans son compte portant le numéro ______________ à __________________ [*nom et adresse de la banque*].

La présente garantie expire au plus tard à la première des dates suivantes : sur réception d'une copie de __________,[2] ou le _________ jour de ___________ 2____.[321] Toute demande de paiement doit être reçue à cette date au plus tard.

La présente garantie est régie par les Règles uniformes de la CCI relatives aux garanties sur demande, Publication CCI no : 458.

Nom : [nom complet de la personne signataire], titre [capacité juridique de la personne signataire].

Cette garantie est délivrée en vertu de l'agrément n°…………………du …………… ministère des finances qui expire au …………………………

---

320 Le garant doit insérer un montant représentant l'avance sous forme de pourcentage du montant du marché mentionné au marché.

321 Insérer la date prévue pour la réception provisoire. L'autorité contractante doit prendre en compte le fait que, dans le cas de prorogation de la durée du marché, il devra demander au garant de prolonger la durée de la présente garantie. Une telle demande doit être faite par écrit avant la date d'expiration mentionnée dans la garantie. Lorsqu'il préparera la garantie, l'autorité contractante peut considérer ajouter ce qui suit à la fin de l'avant-dernier paragraphe : « Sur demande écrite de l'autorité contractante formulée avant l'expiration de la présente garantie, le garant prolongera la durée de cette garantie pour une période ne dépassant pas [six mois] [un an]. Une telle extension ne sera accordée qu'une fois. »

____

Signature

Note : Le texte en italiques doit être retiré du document final ; il est fourni à titre indicatif en vue de faciliter la préparation

INDEX ALPHABÉTIQUE

A

B

C

D

E

F

G

H

N

O

P

Q

R

S

BIBLIOGRAPHIE SELECTIONNEE

1. Les textes juridiques

1. La Constitution congolaise du 18 février 2006 telle que modifiée par la loi n°11/002 du 20 janvier 2011 portant révision des certains articles de la Constitution de la République démocratique du Congo, *Journal Officiel de la République démocratique du Congo*, numéro spécial.
2. Loi organique n°13/012 du 19 avril 2013 modifiant et complétant la Loi organique n°10/13 du 28 juillet 2010 portant organisation et fonctionnement de la Commission électorale nationale indépendante, *Journal Officiel de la République démocratique du Congo*, numéro spécial.
3. La loi n°10/010 du 27 avril 2010 relative aux marchés publics, *Journal Officiel de la République démocratique du Congo*, numéro spécial.
4. La loi organique n°08/016 du 07 octobre 2008 portant composition, organisation et fonctionnement des entités territoriales décentralisées et leurs rapports avec l'État et les provinces, *Journal Officiel de la République démocratique du Congo*, numéro spécial.
5. La loi n°08/012 du 31 juillet 2008 portant principes fondamentaux relatifs à libre administration des provinces, *Journal Officiel de la République démocratique du Congo*, numéro spécial.
6. La loi n° 04/016 du 18 juillet 2004 portant lutte contre le blanchiment des capitaux et financement du terrorisme, *Journal Officiel de la République démocratique du Congo*, numéro spécial.
7. L'ordonnance-loi n°69-054 du 5 décembre 1969 relative aux marchés publics.
8. Le Code pénal congolais (Décret du 30 juin 1940 telle que modifié et complété à ce jour).

9. L'ordonnance-loi n°87-005 du 6 février 1987 fixant la composition, l'organisation et le fonctionnement de la Cour des Comptes.
10. L'ordonnance n°69-279 du 5 décembre 1969 relative aux marchés publics de travaux, de fournitures, de transports et de prestations.
11. L'ordonnance n°87-323 du 15 septembre 1987 portant création de l'Inspection général des finances.
12. Le décret n°039/2001 du 08 août 2001 portant création, organisation et fonctionnement du Bureau central de coordination en abrégé « BCECO », *Journal Officiel de la République démocratique du Congo*, numéro spécial-novembre 2001.
13. Le décret n°10/34 du 28 décembre 2010 fixant les seuils de passation, de contrôle et d'approbation des marchés publics, *Journal Officiel de la République démocratique du Congo*, numéro spécial du 14 janvier 2012.
14. Le décret n°10/33 du 28 décembre 2010 fixant les modalités d'approbation des marchés publics et des délégations de service public, *Journal Officiel de la République démocratique du Congo*, numéro spécial du 14 janvier 2012.
15. Le décret n°10/32 du 28 décembre 2010 portant création, organisation et fonctionnement de la Cellule de gestion des projets et des marchés publics, *Journal Officiel de la République démocratique du Congo*, numéro spécial du 14 janvier 2012.
16. Le décret n°10/27 du 28 juin 2010 portant création, organisation et fonctionnement de la Direction générale du contrôle des marchés publics, *Journal Officiel de la République démocratique du Congo*, numéro spécial du 14 janvier 2012.
17. Le décret n°10/22 du 2 juin 2010 portant Manuel des procédures de la loi relative aux marchés publics, *Journal Officiel de la République démocratique du Congo*, numéro spécial du 14 janvier 2012.

18. Le décret n°10/21 du 2 juin 2010 portant création, organisation et fonctionnement de l'Autorité de régulation des marchés publics, *Journal Officiel de la République démocratique du Congo*, numéro spécial du 14 janvier 2012.

2. La doctrine

1. ALLAIRE F, *L'essentiel du droit des marchés publics*, Paris, 2ème éd. GUALINO, 2009.
2. BERGEAL C et LENICA F, *Les contentieux des marchés publics*, Paris, 2004.
3. BESSMANN P.-G, *Le mémento des marchés publics des travaux, intervenants, passation et exécution*, Paris, 2ème éd. EUROLLES ; 2005.
4. BETSCH B, *Les marchés publics locaux*, Paris, LGDJ, 2004.
5. BRECHON-MOULENES Ch, (dir.), *Droit des marchés publics*, Paris, Litec, 2000.
6. BOUDRAND P et FARNOUX C, *Marchés des travaux et contrats de sous-traitance : la réclamation*, Paris, 2ème éd. Du Moniteur, 2007.
7. CHRETIEN P et CHIFFLOT N, *Droit administratif*, Paris, 13ème éd. Sirey, 2012.
8. COMPTE–SPONVILLE A, *Petit traité des grandes vertus*, Paris, PUF, 1995.
9. DESPORTES F et LAZERGES-COUSQUIER L., *Traité de procédure pénale*, Paris, Economica, 2009.
10. DUMARAIS B, *Droit public de la régulation économique*, Paris, Dalloz, 2004.
11. DUPOUX J et GROSGEORGE, *Les marchés publics en France*, Paris, PUF, Coll. Que sais-je, 1977.
12. DUOUIS DANON M.-C, *Finance criminelle*, Paris, 2ème éd. PUF, 2004.
13. EMERY C, *Passer un marché public. Principes, procédures et contentieux*, Paris, éd. DELMAS, 2001.
14. ESAMBO KANGASHE J.-L, *Le droit constitutionnel*, Louvain-la-Neuve, Academia-l'Harmattan, 2013.

15.ESAMBO KANGASHE J.-L, *Le droit électoral congolais*, Louvain-la-Neuve, Academia-l'Harmattan, bibliothèque de droit africain 11, 2014.
16.FENECH G et PETIT P, *La moralisation des marchés publics*, Paris, Coll. Que sais-je ? PUF, 1998.
17.GAUDEMET Y, *Droit administratif des biens*, Paris, LGDJ, 2002.
18.HAYE ROSSELL P, *Le rôle du notaire dans la lutte contre le blanchiment de capitaux*, Paris, Déferions, 2008.
19.JEREZ O, *Le blanchiment de l'argent*, Paris, éd. De la Banque, 2003.
20.KABANGE NTABALA C *Droit administratif* t 1, UNIKIN, 2001.
21.KABEYA MUANA KALALA G, *Passation des marchés publics*, t1 *Principes, règles, institutions, procédures, pratiques de passation et contentieux,* Kinshasa, éd. BATENA NTAMBWA, 2012.
22.KATUALA KABA KASHALA, *Code pénal annoté*, Kinshasa, Cour suprême de justice, 1981.
23.KOUTOUZIS M et THONY J.-F, *Le blanchiment*, Paris, PUF, Coll. Que sais-je ? 2005.
24.LAJOYE C, *Droit des marchés publics*, Paris, 3ème éd. Gualino, 2008.
25.LINDITCH F. *Le droit des marchés publics*, Paris, 2ème éd. Dalloz, 2002.
26.LUCAS C, *Droit du marché*, Paris, PUF, 2002.
27.LUZOLO BAMBI LESSA E, *Manuel de procédure pénale*, Kinshasa, PUC, 2011.
a. MAILLARD J, « La lutte contre le blanchiment : quel mode d'emploi » ? *Banque Magazine* n°609, décembre 1999.
28.MICHON J, *La nouvelle réglementation des marchés publics*, Paris, Le moniteur, 2001.
29.MORAND J, *Cours de droit administratif*, Paris, 8ème éd. Montchrestien, EJA, 2003.

30.POMES E, *Conquérir les marchés, le rôle des États*, Paris, L'Harmattan, 2004.
31.PREBISSY C, *Pénalisation du droit des marchés publics*, Paris, LGDJ, 2002.
32.RICHER L, *La notion des marchés publics. Droit des marchés publics*, Paris, Dalloz, 1991.
33.RICHER L, *Droit des contrats administratifs*, Paris, 3ème éd., LGDJ, 2002
34.SCHULTZ P, *Eléments du droit des marchés publics*, Paris, LGDJ, 1996.
35.VERNIER E et JEREZ O, *La lutte contre le blanchiment de l'argent et le financement du terrorisme*, Paris, La Revue de la Banque, 2003.
36.VERON M, *Droit pénal des affaires*, Paris, 3eme éd. Dalloz, 2011.
37.VUDISA J-N, *Initiation à la passation des marchés publics en droit congolais*, Pays-Bas, Hapert, 2002.
38.VUNDUAWE-te-PEMAKO F, *Traité de droit administratif*, Bruxelles, Larcier, 2007.
39.YUMA BIABA L, *Manuel de droit administratif*, Kinshasa, éd. CEDI, 2012.
40.ZWANG H, *Marché public, règles applicables aux entreprises*, Paris, EJA, 2004.

POSTFACE

Le droit administratif s'enrichit incontestablement du nouvel ouvrage de Jean-Louis Esambo Kangashe. Considéré pendant longtemps comme l'un des parents pauvres du droit public dans les Facultés de droit africaines, le droit administratif a souvent repoussé la plupart de nos collègues. La cause était l'inactivité de l'Administration et la politisation caricaturale de l'administration publique dans bon nombre de pays africains.

Le droit administratif n'a, pour finir, réussi à dominer l'intérêt de certains de nos collègues, et à trouver par le même moyen place dans nos programmes d'enseignements, dans les travaux de recherche qu'à travers de timides rapprochements, avec le droit administratif français ou belge. Le regain d'activité des administrations publiques en Afrique et l'autonomisation du juge de l'administration qu'elle induit vont contribuer à réconcilier les universitaires avec le droit administratif. Ainsi, comme les finances publiques, peut-être un peu moins, le droit administratif a souffert de l'hégémonie du droit international et de l'attractivité du droit constitutionnel sur les étudiants et, il faut l'avouer, sur les chercheurs eux-mêmes.

Certains ont d'ailleurs déduit de cette hégémonie disciplinaire que le droit constitutionnel et le droit international sont deux des locomotives les plus puissantes de nos Facultés. L'image n'est pas fausse même si elle ne traduit vraisemblablement qu'une vue africaine de la situation. Car, s'il n'est pas pertinent de discuter aux autres branches du droit public, notamment le droit constitutionnel et le droit international, la place centrale qu'elles occupent dans les programmes d'enseignement, il n'est pas tout aussi vrai non plus de nier que depuis toujours, dans les Universités françaises, le droit administratif fut de tout temps l'oassature du droit public et la seule vraie fierté des juristes puristes, du moins jusqu'à l'avènement de la justice constitutionnelle.

Avec cet ouvrage, Jean-Louis Esambo Kangashe fait, il est vrai, une infidélité au droit constitutionnel qui nous est tous cher, mais rend hommage au droit administratif. Il signe une contribution de qualité à la diffusion du droit administratif des Etats africains, comme ces illustres universitaires qui ont fait et font encore vivre les spécificités africaines du droit administratif.

L'auteur, constitutionnaliste talentueux, est connu pour sa passion pour le droit constitutionnel et la qualité de ses précédents travaux. Cet actif et la notoriété qu'il lui donne dans le monde universitaire francophone prédispose à accueillir avec intérêt ce nouvel ouvrage. A la différence de ses précédents ouvrages, celui-ci le dézone, traduit sa polyvalence et introduit le lecteur en droit congolais des marchés publics.

En effet, le droit des marchés publics est en vogue. Il envahit nos programmes et nos offres de formations. L'émergence de la discipline et son expansion sont irrésistibles parce que l'Afrique est aussi devenue l'Afrique de l'économie, l'Afrique des services, bref, un continent en quête de son développant. Dès lors, les Etats commercent, échanges, investissent et recourent fatalement aux Contrats de tout genre. Est ainsi au cœur des marchés publics, le Contrat. Celui qui traverse l'étude de Jean-Louis Esambo Kangashé est le contrat passé par une personne publique avec une ou plusieurs personnes physiques ou morales de droit privé, le marché public porte sur la réalisation de travaux d'intérêt communautaire, la fourniture de biens et services, ainsi que l'exécution des prestations intellectuelles. Il représente, pour chaque pays, un indicateur significatif de développement. Il suffit pour ce faire que les pouvoirs publics s'assignent comme objectif l'élaboration d'un dispositif légal et réglementaire qui participe à la traçabilité et la transparence de la commande publique.

Le propos introductif de Jean-Louis Esambo Kangashe est ce point de vue révélateur. L'auteur note avec justesse que *« dans la vie économique et sociale d'une nation, le domaine de la commande publique joue un rôle important en ce qu'il permet de s'assurer que les politiques publiques mises en place sont à même de contribuer à la réalisation des besoins communautaires. Il est considéré, au vu du volume et de l'importance des ressources générées, comme un levier au service de l'intérêt général et un vecteur de développement »*. Ce commentaire savant dévoile, en même temps, le besoin pour la République démocratique du Congo de disposer d'un corps de règles et de procédures qui, tout en puisant l'essentiel sur les réalités locales, règlementent le processus si complexe et laborieux de passation et d'exécution de la commande publique.

Après avoir défini le marché public, circonscrit l'étendue de ses sources, l'auteur qui croit fermement à l'autonomie du droit des marchés publics parvient à lui trouver quelques traits spécifiques qui l'isolent d'autres disciplines de droit public et notamment du droit administratif dont il a souvent servi d'escalier. Jadis cantonné dans les escarcelles du droit administratif qui lui faisait, par moments, ombrage le droit des marchés publics a, selon l'auteur, marqué depuis quelques décennies, sa distance en s'affirmant, d'une part, comme une discipline autonome disposant des règles et procédures propres et se prêtant, d'autre part, comme un cadre de mobilisation des ressources au service du développement.

Cette réalité n'est pas propre au Congo. Le même constat peut-être fait dans plusieurs Etats. Mais le droit congolais des marchés publics offre, au lecteur l'occasion de prendre contact avec les principes et les règles de la commande publique. Qu'il s'agisse, en effet, de la liberté d'accès, de l'égalité des candidats, de la transparence des procédures engagées ou de la budgétisation, la commande publique s'accommode aisément de son organisation rationnelle. Tel dans un rallie, se succèdent la définition des besoins, la planification et la programmation de la commande publique, l'établissement du cahier des charges, le dépôt des dossiers de prestation et l'attribution du marché.

La procédure de passation et d'exécution des marchés publics rend plus difficile et complexe la maitrise dont la technicité échappe bien souvent à la compréhension aux citoyens moyen. Ajoutée à la précision des propos, la clarté du style a heureusement réduit la distance que prenait déjà l'objet de l'étude et sa destination.

Prévue par l'ordonnance-loi n°69/054 du 5 décembre 1969, l'adjudication comme technique de passation des marchés publics est vite abandonnée au profit de l'appel d'offres et, exceptionnellement, à celle de gré à gré. La République démocratique du Congo marque sur ce point sa différence à l'égard de bon nombre de pays africains et européens.

A l'analyse, la loi n°10/010 du 27 avril 2010 relative aux marchés publics s'offre à juste titre comme un cadre juridique incitatif à la concurrence, la transparence et la rationalité dans la passation et la gestion des marchés publics. Profitant de cette évolution législative, l'auteur ne s'empêche pas de convoquer le droit des marchés publics à s'intéresser du domaine électoral qui lui paraissait jusqu'il ya peu étranger : un lien logique et harmonieux est établi entre la commande publique marché public et la préparation et l'organisation d'un scrutin.

Conscient des enjeux économiques et financiers des marchés publics, Jean-Louis Esambo Kangashe s'oblige de présenter, de manière simple, claire et précise, l'organisation et la gestion du contentieux lié à la commande publique. La présentation des traits fondamentaux du contentieux des marchés publics permet de distinguer avec justesse le contentieux de passation de celui d'exécution.

Bien qu'encadré, le secteur de la commande publique est, au Congo mais également ailleurs, confronté à des pratiques qui réduisent l'efficacité, occasion propice pour les adversaires du droit des marchés publics de crier vite à sa disparition. Le caractère évolutif du secteur convie chaque législateur à engager le droit des marchés publics à un ajustement permanant afin de le rendre compétitif dans un univers où le monopole des pouvoirs publics dans la réalisation des activités d'intérêt général ne s'accommode pas toujours des ressources disponibles dans le budget de l'État.

L'on peut légitimement admettre que ce pari est gagné, car pendant que la doctrine congolaise hésite encore à se manifester, notre collègue Jean-Louis Esambo Kangashe prend, en précurseur, le devant et met à la disposition du monde scientifique un véritable traité de droit congolais des marchés publics.

Au total, cet ouvrage est une remarquable contribution au droit administratif. L'auteur le destine aux étudiants des Facultés de droit et à tous les chercheurs en sciences sociales, en sciences politiques de nos universités. Mais l'on comprend que ce livre soit aussi pour divers acheteurs et vendeurs, un précieux outil de compréhension d'un aspect complexe du droit administratif : le droit des marchés publics. Chacun, y compris les acteurs du développement, y puisera, j'en suis convaincu, les informations et conseils utiles sur l'organisation et la gestion de la commande publique en République démocratique du Congo.

A présent, un mot sur l'auteur de ce bel ouvrage. Jean-Louis Esambo Kangashe est un auteur scientifiquement prolixe et fécond. Un acteur infatigable de la diffusion du droit congolais dont il s'est illustré comme un des missionnaires les plus attendus, les plus fidèles et les plus crédibles. En signant une publication en Droit administratif, oui en droit administratif, le Professeur Esambo Kangashe récidive en complétant une bibliographie particulièrement riche et diversifiée. Il est bien à cet égard de rappeler que notre collègue dispose d'une carte de visite qui fait autorité. A son actif, quatre ouvrages de référence publiés en six ans, plusieurs articles de revues et participations aux manifestations scientifiques internationales. La mise sur le marché de ce livre de droit administratif montre, si besoin en était encore, l'unité du droit public et le mérite qui est celui de l'auteur de donner la preuve de celle-ci par la maitrise de sa diversité.

Frédéric Joël AÏVO

Agrégé des facultés droit
Doyen de la Faculté de droit et de sciences politiques
Université d'Abomey-Calavi (Bénin).

TABLE DES MATIERES

République démocratique du Congo

aux éditions L'Harmattan

Dernières parutions

LES BALUBA
Histoire, cosmologie et sémiologie d'un peuple bantu
Lwa Malale Lukanda ; Préface de Banza Mukalay Nsungu ;
Avant-texte de Manda Tchebwa ; Postscriptum de Joseph Ibongo
Avec force images et autres illustrations, cet ouvrage présente les «traits marquants» du peuple «muluba» : son identité ethnique, son histoire, sa cosmologie, sa sémiologie et ses créations culturelles majeures. Les «Baluba», dont l'auteur révèle l'existence au-delà du deuxième millénaire avant Jésus-Christ, forment un peuple à la fois un, dans l'unité géographique et démographique, et multiple, dans la diversité des nations qui se revendiquent de sa descendance et de sa parenté culturelle : de l'Afrique centrale à l'Afrique du Sud, de l'Océan atlantique à l'Océan indien.
(Coédition CICIBA, Harmattan RDC, 26.00 euros, 232 p.)
ISBN : 978-2-343-06036-1, ISBN EBOOK : 978-2-336-38163-3

L'UNIVERSITÉ DE KINSHASA EN QUÊTE DE REPÈRES
Mawanzi Manzenza Thomas
Cet ouvrage aborde la question de la crise du renouvellement du personnel académique au sein de l'université de Kinshasa, une institution qui a connu, au cours de son évolution, à la fois le phénomène colonial, l'africanisation de ses structures et les enjeux de la mondialisation. Cette étude nous montre comment l'université s'est laissé gouverner par des pratiques de racisme et de discrimination pour le contrôle du monopole de l'autorité scientifique.
(Coll. Études africaines, 29.00 euros, 288 p.)
ISBN : 978-2-343-05092-8, ISBN EBOOK : 978-2-336-38084-1

GUERRE ET VIOL
Deux faces de fléaux traumatiques en République Démocratique du Congo
Otita Likongo Marcel
Cet ouvrage présente le contexte de survenue du traumatisme psychique, le concept de stress post-traumatique, les développements psycho-traumatiques et leurs modalités expressives. Une série d'événements traumatiques, où la population victime est toujours abandonnée par manque des structures étatiques d'encadrement et non-reconnaissance du poste de psychologue en RDC, y sont répertoriés : guerres, violences sexuelles, accidents de circulation, crash d'avion, naufrage, etc.
(Coll. Études africaines, 21.00 euros, 216 p.)
ISBN : 978-2-343-06270-9, ISBN EBOOK : 978-2-336-38098-8

RD CONGO, LE 30 JUIN 2005
Ça passe ou ça casse ?
Retour sur un épisode crucial de l'histoire congolaise
Mukalay Nsungu Banza - Préface de Camille Sesep N'Sial
«Ce texte a été publié pour la 1ère fois en juin 2005, dans un contexte de grande tension sociale et politique en RDC. Une tension liée à l'interprétation de l'article 196 de la «Constitution de la transition», portant sur la date du 30 juin 2005, censée mettre fin à la période de la «transition politique». Au moment où nous rééditons ce texte, pour la richesse de sa teneur historique, le contexte politique congolais est une fois de plus dominé par le débat constitutionnel, avec en perspective les nébulosités de l'horizon 2016...» Eddie Tambwe Kitenge
(Coll. Comptes Rendus, 14.00 euros, 129 p.)
ISBN : 978-2-343-06354-6, ISBN EBOOK : 978-2-336-37971-5

DROIT CONGOLAIS DU TRAVAIL
Masanga Phoba Mvioki Jacqueline
Préface de Célestin Nguya-Ndila Malengana
Ce manuel expose l'état de la législation et de la réglementation, de la doctrine et de la jurisprudence en matière du travail en RDC. Le regard porte sur les rapports individuels (la conclusion, l'exécution, la cessation du contrat de travail, le règlement des litiges individuels de travail) et sur les rapports collectifs (les organisations professionnelles des travailleurs et d'employeurs, les conventions collectives, le règlement des litiges collectifs de travail).
(Harmattan RDC, 31.00 euros, 302 p.)
ISBN : 978-2-343-06372-0, ISBN EBOOK : 978-2-336-38099-5

JULIEN KILANGA MUSINDE
Une parole en itinérance
Réflexions et témoignages sur un parcours intellectuel
Textes réunis par Jean-Marie Dikanga Kazadi et Emmanuel M. Banywesize
Les textes réunis dans ce collectif tentent d'objectiver l'œuvre diversifiée de Julien Kilanga Musinde. Venus des quatre coins du monde, des intellectuels et des chercheurs de divers horizons rendent hommage à cet amabassadeur de l'université et des lettres congolaises en francophonie. Par son écriture, Julien Kilanga Musinde n'a, en effet, cessé de se raconter, d'accompagner l'Université dans sa marche et de contribuer ainsi à l'humanité du monde.
(Harmattan RDC, 26.00 euros, 252 p.)
ISBN : 978-2-343-06458-1, ISBN EBOOK : 978-2-336-38153-4

CONJONCTURES CONGOLAISES 2014
Politiques, territoires et ressources naturelles : changements et continuités
Sous la direction de Stefaan Marysse et Jean Omasombo Tshonda
La toile de fond de ce volume est la question de la profondeur ou de la superficialité du changement qui se manifeste en RDC depuis plus d'une décennie. Certaines ruptures avec le passé sont manifestes mais l'enracinement profond des comportements clientélistes dans le domaine politique est de nature à fragiliser les avancées. C'est surtout dans le champ économique que les changements

sont réels. Mais cet essor économique est-il durable et signifie-t-il une rupture permanente avec le passé ?
(Coll. Cahiers Africains, 32.50 euros, 316 p.)
ISBN : 978-2-343-05981-5, ISBN EBOOK : 978-2-336-37469-7

POUR UNE RDC NOUVELLE
De l'horreur à l'aurore
Mazola Ayinepa Joseph
Plus de six millions de morts tombés dans une guerre d'invasion et de prédation en RDC. Faut-il vraiment répandre sans merci le sang des Congolais, pour exploiter leurs nombreuses ressources minières ? Doit-on continuer à rester insensibles, à multiplier discours et négociations, alors que l'ennemi gagne du terrain ? Où est allée l'élite congolaise ? Inquiet de la situation exécrable que vit le peuple, l'auteur milite pour une évolution positive de la RDC.
(Coll. Politique et dynamiques religieuses en Afrique, 24.00 euros, 242 p.)
ISBN : 978-2-343-05219-9, ISBN EBOOK : 978-2-336-36595-4

RAPPORT SUR LA THÉMATIQUE POLITIQUE
Ateliers du cinquantenaire du Parti lumumbiste unifié (PALU)
Au-delà de la forme, qui permet de dire que la RDC est un État souverain et une République, le PALU (Parti lumumbiste unifié) veut aller au fond des choses, en réfléchissant sur les attributs de la souveraineté de l'État que sont notamment la défense, la diplomatie et la monnaie. En outre, il y a lieu d'apprécier les régimes politiques connus en RDC, au regard des critères fondateurs d'une République : - la source de légitimité des pouvoirs constituants - le mode d'accès des dirigeants au pouvoir - l'équilibre des pouvoirs entre les différentes institutions.
(Coll. Dossiers, Études et Documents, 10.00 euros, 58 p.)
ISBN : 978-2-343-06195-5, ISBN EBOOK : 978-2-336-37539-7

LA SORCELLERIE CHEZ LES DING DE LA RDC
Nkumisongo Vavi Fabiyo François-Xavier
La sorcellerie constitue une force surhumaine, une croyance et une pratique ambiguë, notamment chez les Ding de RDC. L'accent a été mis sur le rôle, le pouvoir et la position du sorcier ainsi que sur les voies d'accès et celle de sa transmission. D'autres phénomènes sont analysés tels que l'incarnation, la réincarnation, l'antisorcellerie, la science et la recherche scientifique. Sans oublier le génie créatif ou inventif propres à chaque peuple. Également liée à la religion, elle est à ce titre l'opium du peuple Ding. Elle bloque par l'envoûtement, il faut chercher à la débloquer par des mécanismes d'antisorcellerie.
(Coll. Géopolitique mondiale, 12.00 euros, 106 p.)
ISBN : 978-2-343-04505-4, ISBN EBOOK : 978-2-336-37078-1

CONVICTIONS ET ESPÉRANCES POUR LA RÉPUBLIQUE DÉMOCRATIQUE DU CONGO
Verbatim (2008-2014)
Mukalay Nsungu Banza - Préface de Manda Tchebwa
Ce livre restitue la vision de l'homme politique pour son pays au travers des «écrits et des dits». Le lecteur découvre les idées-forces du politique qui accompagne

le développement d'un secteur socioculturel de la RD Congo. Banza Mukalay Nsungu a été élu quatre fois député de Lubumbashi et ministre dans plusieurs gouvernements. Il est depuis 2012 ministre de la Culture et des Arts de la RD Congo.
(Coll. Comptes Rendus, 21.00 euros, 210 p.)
ISBN : 978-2-343-05743-9, ISBN EBOOK : 978-2-336-37101-6

MA VÉRITÉ SUR LE MARÉCHAL MOBUTU ET SUR LA TRANSITION DÉMOCRATIQUE AU ZAÏRE (1990-1997)
Mukalay Nsungu Banza - Préface de Camille Sesep N'sial
La «transition démocratique» en République démocratique du Congo aura été l'une des plus troubles, complexes et longues de tout le continent africain (1990-2006). Acteur et témoin privilégié de l'histoire politique de ces dernières décennies, l'auteur pose un regard critique sur ces années de tumulte, en interpellant la responsabilité de l'acteur politique congolais. En évoquant ses rapports privilégiés avec le maréchal Mobutu, qui lui confiera la direction de son parti, l'auteur pose aussi son jugement global sur le déroulement de la transition.
(Coll. Comptes Rendus, 16.50 euros, 162 p.)
ISBN : 978-2-343-05741-5, ISBN EBOOK : 978-2-336-37097-2

LES MOTS RÉCURRENTS DE LA TRANSITION POLITIQUE AU ZAÏRE (1990-1997)
Mukalay Nsungu Banza
Rompant avec la tradition qui confine l'étude du vocabulaire et du discours politique dans les sphères des chercheurs spécialisés, l'auteur s'intéresse ici aux mots récurrents de la période politique de la Transition (1990-1997) au Zaïre (actuelle RDC). Une période politique qui va du discours historique de la démocratisation, prononcé par le président Mobutu le 24 avril 1990, à l'avènement du président Laurent-Désiré Kabila, le 17 mai 1997. L'ouvrage constitue également une contribution à l'étude du français d'Afrique subsaharienne et spécialement de la RDC.
(Coll. Comptes Rendus, 9.00 euros, 56 p.)
ISBN : 978-2-343-05742-2, ISBN EBOOK : 978-2-336-37092-7

L'U.D.P.S. DANS L'ŒIL DU CYCLONE
La violence politique au Zaïre sous Mobutu (octobre 1985)
Mutamba Makombo Jean-Marie
Cet ouvrage relate la traque et la répression d'un mouvement d'opposition clandestin au Zaïre (R.D. Congo) sous la Deuxième République : l'Union pour la Démocratie et le Progrès Social (UDPS). L'auteur s'appuie sur les rapports d'information établis en octobre 1985 par le Corps des Activistes pour la Défense de la Révolution (CADER), qui témoignent des tribulations du petit peuple qui a souffert pour le triomphe du multipartisme et de la démocratie. Ils révèlent aussi les luttes d'influences, la lutte d'intérêts et de clans au sein du Parti unique.
(12.00 euros, 104 p.)
ISBN : 978-2-343-05729-3, ISBN EBOOK : 978-2-336-37252-5

L'HARMATTAN ITALIA
Via Degli Artisti 15; 10124 Torino
harmattan.italia@gmail.com

L'HARMATTAN HONGRIE
Könyvesbolt ; Kossuth L. u. 14-16
1053 Budapest

L'HARMATTAN KINSHASA
185, avenue Nyangwe
Commune de Lingwala
Kinshasa, R.D. Congo
(00243) 998697603 ou (00243) 999229662

L'HARMATTAN CONGO
67, av. E. P. Lumumba
Bât. – Congo Pharmacie (Bib. Nat.)
BP2874 Brazzaville
harmattan.congo@yahoo.fr

L'HARMATTAN GUINÉE
Almamya Rue KA 028, en face
du restaurant Le Cèdre
OKB agency BP 3470 Conakry
(00224) 657 20 85 08 / 664 28 91 96
harmattanguinee@yahoo.fr

L'HARMATTAN MALI
Rue 73, Porte 536, Niamakoro,
Cité Unicef, Bamako
Tél. 00 (223) 20205724 / +(223) 76378082
poudiougopaul@yahoo.fr
pp.harmattan@gmail.com

L'HARMATTAN CAMEROUN
BP 11486
Face à la SNI, immeuble Don Bosco
Yaoundé
(00237) 99 76 61 66
harmattancam@yahoo.fr

L'HARMATTAN CÔTE D'IVOIRE
Résidence Karl / cité des arts
Abidjan-Cocody 03 BP 1588 Abidjan 03
(00225) 05 77 87 31
etien_nda@yahoo.fr

L'HARMATTAN BURKINA
Penou Achille Some
Ouagadougou
(+226) 70 26 88 27

L'HARMATTAN SÉNÉGAL
10 VDN en face Mermoz, après le pont de Fann
BP 45034 Dakar Fann
33 825 98 58 / 33 860 9858
senharmattan@gmail.com / senlibraire@gmail.com
www.harmattansenegal.com

L'HARMATTAN BÉNIN
ISOR-BENIN
01 BP 359 COTONOU-RP
Quartier Gbèdjromèdé,
Rue Agbélenco, Lot 1247 I
Tél : 00 229 21 32 53 79
christian_dablaka123@yahoo.fr

Achevé d'imprimer par Corlet Numérique - 14110 Condé-sur-Noireau
N° d'Imprimeur : 130741 - Dépôt légal : juillet 2016 - *Imprimé en France*

www.ingramcontent.com/pod-product-compliance
Lightning Source LLC
LaVergne TN
LVHW011301061026
849535LV00005B/1351